Wandern
in der
Toscana

W0236704

Christoph Hennig

Inhalt

Bitte schreiben Sie uns, wenn sich etwas geändert hat!
Alle in diesem Buch enthaltenen Angaben wurden vom Autor nach bestem Wissen erstellt und von ihm und dem Verlag mit größtmöglicher Sorgfalt überprüft. Gleichwohl sind – wie wir im Sinne des Produkthaftungsrechts betonen müssen – inhaltliche Fehler nicht vollständig auszuschließen. Daher erfolgen die Angaben ohne jegliche Verpflichtung oder Garantie des Verlages oder des Autors. Beide übernehmen keinerlei Verantwortung und Haftung für etwaige inhaltliche Unstimmigkeiten. Wir bitten dafür um Verständnis und werden Korrekturhinweise gerne aufgreifen:
DuMont Buchverlag, Postfach 10 10 45, 50450 Köln
E-Mail: reise@dumontverlag.de

Wandern in der Toscana

Wandersaison

Günstigste Jahreszeiten für Toscana-Wanderungen sind der Frühling (April bis Mitte Juni) und der Spätsommer/Herbst (Mitte September bis Ende Oktober). Eine ›Wettergarantie‹ gibt es allerdings auch für diese Monate nicht. Im Hochsommer sind wegen der Hitze meist nur kurze Spaziergänge möglich – es sei denn, man wandert sehr früh am Morgen oder abends. Spätherbst und Winter bieten unsichere Wetterverhältnisse, dabei immer wieder auch ideale Wandertage: ›sommerliches‹ Novemberwetter und überwältigende Fernsicht im Januar oder Februar.

Gehzeiten

Alle in diesem Wanderführer aufgeführten Zeiten verstehen sich als reine Gehzeiten. Rechnen Sie bei der Planung einer Tour noch ausreichend Zeit für Pausen, Fotografieren, Besichtigungen oder schlimmstenfalls Verlaufen hinzu. Bedenken Sie bitte auch, daß manche Wege sich im Lauf der Zeit verändern, so daß die Beschreibungen (Stand: Frühjahr 2000) gelegentlich nicht mehr ganz genau zutreffen.

Anspruch

In der Rubrik ›Die Wanderung in Kürze‹ wird jeweils darauf hingewiesen, ob es sich bei der Wanderung um eine einfache (+), eine mittelschwere (++) oder eine anspruchsvolle (+++) Tour handelt.

Ausrüstung

Empfehlenswert ist für alle Wanderungen festes Schuhwerk, vorzugsweise gut eingelaufene Wanderschuhe. Die als ›leicht‹ eingestuften Wanderungen können bei gutem Wetter auch mit gewöhnlichen Schuhen begangen werden.

In allen Jahreszeiten (am wenigsten von Juni bis September) muß man mit Regen rechnen. Man sollte sich mit einem leichten Regenschutz versehen. Ein Sonnenschutz (Sonnenhut o. ä.) ist vor allem zwischen Mai und September dringend zu empfehlen.

Wanderkarten

Nur für manche Gebiete der Toscana existieren verläßliche Wanderkarten. Sie sind jeweils bei den Wegbeschreibungen angegeben. Im allgemeinen erhält man sie vor Ort. In Deutschland sind sie erhältlich beim Kartenvertrieb Schrieb, Schwieberdinger Str. 10/2, 71706 Markgröningen, ✆/Fax 071 45-260 78.

Mit Bus und Bahn

Busverbindungen sind in der Toscana im allgemeinen relativ gut, die Fahrpreise vergleichsweise niedrig. Die für die Wanderungen wichtigen Verkehrsverbindungen sind bei den Wegbeschreibungen aufgeführt (Stand: Frühjahr 2000).

Fahrkarten müssen außerhalb der Busse gekauft werden (am Busbahnhof bzw. in kleineren Orten in Bars oder Tabacchi-Geschäften). Unbedingt zu beachten ist, daß Busse auf dem Land gelegentlich bis zu 10 Min. vor der Zeit durchfahren, wenn der Busfahrer eilig nach Hause möchte. Geben Sie dem ankommenden Bus ein Zeichen, um den Fahrer zum Halten aufzufordern – bloßes Dastehen reicht oft nicht aus!

Auf den Busbahnhöfen in Florenz und Siena erhält man vollständige Fahrpläne *(orario)* der jeweiligen regionalen Linien. In Siena fahren die Busse vor dem Bahnhof ab, in Florenz vom Busbahnhof in unmittelbarer Nähe des Hauptbahnhofs (Via di Santa Caterina da Siena).

Auskunftsstellen der Busgesellschaften:

SITA Florenz, ✆ 800 37 37 60, Fax 05 54 78 22 72
TRAIN Siena, ✆ 05 77 20 41 11, Fax 05 77 22 38 96
RAMA Grosseto, ✆ 056 42 52 15
Bei Bahnfahrten ist zu beachten, daß alle Fahrkarten vor Fahrtantritt gestempelt werden müssen. Nicht gestempelte Billets gelten als ungültig; es sind hohe Nachgebühren zu zahlen. Nach dem Stempeln sind die Karten 6 Stunden (bis 200 km) bzw. 24/48 Stunden (über 200 km) gültig.

Gesamtfahrpläne *(orario generale)* der Bahn sind an Zeitungskiosken erhältlich.

Auf den Fahrplänen bedeutet *feriale* (Abkürzung meist »f«) werktags (also nicht etwa: »in den Ferien«), *festivo* (Abkürzung »F« oder »fest«) sonn- und feiertags, *scolastica* (»sc«) an Schultagen (d.h. nicht während der ausgedehnten Sommerferien von Mitte Juni bis Mitte September!)

SYMBOLE IN DEN KARTEN

⌂	Gasthaus, Berghütte (bewirtschaftet)	⚑	Burg, Schloß
⌂	Schutzhütte, Bauernhaus	⚑	Burgruine
⛪	Kirche	⚑	Turm
⚲	Kapelle	∴	Archäologische Stätte
⚏	Kloster	✿	Mühle
		♣	Hervorragender Baum

Geformte Natur

Die toscanische Kultur ist Stadtkultur. Auch die Landschaft wurde von den Städten aus geprägt. Wie kaum eine andere Region wurde das Hügelland der Toscana von Menschen bewußt geformt.

Die ›zivilisierende‹ Haltung gegenüber der Natur ist in Italien zu allen Zeiten spürbar gewesen. Sie kommt zum Beispiel in den Bewässerungsprojekten und Straßenanlagen der alten Römer zum Ausdruck. In der Toscana wird sie besonders deutlich, weil hier eine reiche, rational gebildete Gesellschaftsschicht, die florentinische Bourgeoisie, ab einem bestimmten Zeitpunkt – Ende des 16. Jh. – all ihre Energien und ihr Kapital dem Landleben zuwandte. Das Land wurde völlig von einer städtischen Gruppe überformt. Aber dadurch wurde die Landschaft nicht – wie es heute wohl in einem vergleichbaren Fall geschähe – ästhetisch ›zerstört‹; im Gegenteil, das toscanische Land entwickelte sich zu dem Kunstwerk, welches es heute noch darstellt. Wie ist das zu erklären? Einerseits gewiß mit dem hochentwickelten, in Jahrhunderten geprägten ästhetischen Sinn des florentinischen Bürgertums; daneben aber auch – allgemeiner – durch die Auffassungen einer Zeit, in welcher Technik und Ästhetik noch nicht getrennt waren und die darüber hinaus nicht über Mittel verfügte, die Natur radikal dem Menschen zu unterwerfen. So entstand die Harmonie der toscanischen Landschaft: eine Harmonie zwischen dem planenden Wollen der Menschen und der sich frei entfaltenden Natur. Harmonie zwischen den weichen Formen der Hügel und den geraden Linien der Wege und Alleen; zwischen der Unregelmäßigkeit der Erde und den geometrischen Mustern der Weinberge; zwischen den leichten Bewegungen der Bäume und der festen Klarheit der Häuser.

Die einfachen Bauernhäuser wie die Villen zeigen den Einfluß der städtischen Architektur (vgl. S. 85). Auch die Gestaltung der Landschaft folgt gleichsam einem urbanen Plan. Straßen, Auffahrten, Wegkreuzungen werden durch Bäume, vor allem durch Zypressen hervorgehoben. Die Zypressen geben, in einem welligen und sich weit erstreckenden Hügelland, deutlich die Vertikalrichtung an, wie die Türme über dem Dächerfeld der mittelalterlichen Stadt.

Die Häuser stehen zumeist auf Hügeln – des besseren Überblicks wegen, aber auch aus symbolisch-ästhetischen Gründen: Die menschliche Behausung soll sich über ihrer Umgebung befinden, soll sie beherrschen. Zugleich aber fügt sie sich, durch ihr Baumaterial und ihren Maßstab, der Umgebung ein. Der Mensch dominiert die Natur, aber er paßt sich ihr auch an; der Einklang ist nicht gestört.

Bei Montalcino

Bäume am Wegesrand

Die Zypresse

Zypressen werden in der Toscana seit Jahrhunderten gepflanzt, um Wegen und Bauten besondere Akzente zu geben. Sie flankieren, in Reihen geordnet, die Auffahrten zu herrschaftlichen Villen; sie unterstreichen, einzeln stehend oder in kleinen Gruppen, die Lage einfacher Bauernhäuser. Unübersehbar hebt sich die klare Silhouette des Baumes vor jedem Hintergrund ab.

Wie der Ölbaum, so war auch die Zypresse vielen Völkern heilig. Die Lichtreligion der Perser sah in ihr ein Symbol der heiligen Feuerflamme. Häufig stand sie vor Tempeln und in Palasthöfen. Auf der Insel Zypern, die nach dem Baum benannt ist, galt er als Sitz einer Gottheit. Ein Symbol von Erdgottheiten war die Zypresse für manche Römer, die sich durch die östlichen Religionen berühren ließen. Vermutlich durch diese Einflüsse wurde sie für römische Dichter zum Baum der Trauer und des Todes; denn Erd- und Todesgötter stehen sich nahe. In der Umkehrung sahen die Christen sie dann als Sinnbild des ewigen Lebens. Zypressen stehen häufig an Friedhöfen. Manche Alchimisten verbrannten Zypressenholz, um das ›Tor‹ zu geheimen Kräften zu öffnen. Aus Zypressenholz waren die Türen des berühmten Diana-Tempels in Ephesus und die Pforten der ersten Vatikanischen Peterskirche.

Zypressenholz ist sehr dauerhaft; es galt als unzerstörbar. Man schnitzte daraus Götterbilder, verfertigte Särge und Inschriftentafeln. In der Vorstellung der alten Griechen war auch das Zepter des Zeus aus diesem Holz. Da Zypressen keine genießbaren Früchte tragen, galt der

Baum aber in der Antike auch als Sinnbild für fruchtlose Schwätzer.

Von der heiligen Feuerflamme zum Gleichnis für sinnloses Gerede – an die Zypresse haben sich viele Bedeutungen geheftet. In der Toscana ist sie heute ein ästhetischer Baum par excellence: ohne ›Bedeutung‹ und praktischen Nutzen, doch mit großer landschaftsprägender Kraft.

Der Ölbaum

Kaum ein anderes Gewächs erfüllt eine Landschaft so stark mit seinem Ausdruck wie der Ölbaum. Sein grün-silbriges Schimmern, in allen Jahreszeiten gleichbleibend und nur mit den Lichtverhältnissen wechselnd, gibt ganzen Landstrichen ihre dominierende Farbtönung. Die knorrigen, mit größerem Alter immer bizarrer werdenden Formen von Baumstamm und Ästen wirken wie beseelte Skulpturen einfallsreicher Holzschnitzer. Fast jeder Ölbaum hat seinen eigenen ausgeprägten Charakter – seine ›Individualität‹.

Von jeher ist der Ölbaum als ein besonderer, bei vielen Völkern sogar als ein heiliger Baum angesehen worden. Ein Ölbaumzweig verkündete Noah das Ende der Sintflut. Die olympischen Sieger wurden mit Olivenzweigen bekränzt. Die jüdischen Könige wie die des christlichen Mittelalters wurden mit Öl gesalbt. Den Griechen schenkte Athena den Ölbaum; er stand unter ihrem Schutz.

Die Bedeutung des Olivenöls war in früheren Zeiten viel größer als heute. Es diente nicht nur der Ernährung. Man tränkte mit ihm den Docht der Lampen. Die alten Griechen verwendeten es anstelle von Seife. Vor allem aber salbte man mit ihm den Körper. In Homers »Ilias« wird erzählt, wie Hera den Zeus verführen will. Sie salbt ihren »reizenden Wuchs mit lauterem Öle«, welches »Erde sogleich und Himmel mit Wohlgerüchen umhauchte.«

Der Ölbaum blüht mit kleinen, unscheinbaren Blüten im Mai; die Früchte werden im Winter geerntet. Zur Ernte legen die Bauern Netze oder Tücher unter die Bäume, streichen dann mit Kämmen durch die Zweige, so daß die Oliven zur Erde fallen. (Das früher sehr gebräuchliche Verfahren, mit Stangen auf die Äste zu schlagen, schadet Früchten und Baum.) Das Öl wird in Ölmühlen gepreßt; nach der ersten Pressung, welche das beste Öl ergibt, bleibt eine feste, dem Weintrester vergleichbare Masse zurück. Preßt man diese nochmals, so erhält man das minderwertige Öl zweiter Pressung.

Die toscanischen Ölbaumkulturen wurden durch die starken Fröste des Winters 1985 stark geschädigt. Der Ölbaum verträgt nur mäßige Kälte; bei Temperaturen um minus 20°C stirbt er ab. Wegen der damaligen Frostschäden sieht man heute in der Toscana fast ausnahmslos relativ junge Ölbäume.

Unter günstigen Umständen können die Pflanzen dagegen Hunderte von Jahren alt werden. Immer wieder haben gesetzliche Vorschriften verboten, sie zu fällen; in Kriegen sollten sie – die Symbole des Friedens – geschont werden. Auch im heutigen Italien dürfen Ölbäume selbst vom Besitzer nicht ohne Genehmigung gefällt werden.

Ländliche Architektur

Die einfachen Bauernhäuser ebenso wie die Villen der Toscana sind von städtischen Bauten beeinflußt. Darin zeigt sich die Prägung des Landes durch die Schicht der städtischen Grundbesitzer (vgl. S. 8). Klare Formen zeichnen die Häuser aus. Sie entstanden nach rationalen, meist einheitlichen Plänen. Wie die Bauwerke der Renaissance setzen sich die *case coloniche* der Bauern aus selbständigen Einzelvolumen zusammen. Über einer Außentreppe weisen viele von ihnen eine Loggia auf, die deutlich den repräsentativen Bogenhallen größerer Gebäude nachempfunden ist. Wie in der mittelalterlichen Stadt baute man eher in die Höhe als in die Breite. Ställe, Vorratsräume und Wohnung befinden sich im toscanischen Bauernhaus unter einem Dach – so wie Werkstatt und Wohnung im Haus des städtischen Handwerkers.

Besonders charakteristisch für viele toscanische Landhäuser ist der Taubenturm. Er diente praktischen Zwecken: Die Tauben lieferten Fleisch, mit ihrem Mist düngte man auch die einst verbreiteten Hanf- und Flachskulturen. Der Turm gibt selbst kleineren Häusern oft den Anstrich eines Kastells. Zugleich zeigt er die Herkunft des ländlichen Bauens aus der Stadt. Die toscanischen Städte des Mittelalters waren von Türmen überkrönt. Der Turm war ein Wehrwerk, aber auch symbolischer Ausdruck für die Bedeutung des Hausbesitzers. Aus der städtischen Architektur ist der Turm in die ländliche gewandert.

Früher lebte nur der kleinere Teil der toscanischen Landbevölkerung in Dörfern; die Mehrzahl der Bauernfamilien wohnte in verstreuten Anwesen. Noch heute fällt auf, wie gleichmäßig die Bauernhäuser über das Land verteilt sind. Das im ausgehenden Mittelalter eingeführte Pachtsystem gruppierte die Gehöfte der Pächter (die *poderi*) um die zentrale Villa des Großgrundbesitzers (die *fattoria*). Dabei lag jedes *podere* im Mittelpunkt eines Gebiets, das die jeweilige Bauernfamilie aus eigenen Kräften bearbeiten konnte. Die Bauern hatten faktisch ein Erbwohnrecht auf ihren Höfen; aber die Häuser, das Land und die Werkzeuge gehörten dem *padrone,* der jährlich einen beträchtlichen Teil der Ernte beanspruchte. Dieses System war zu seiner Entstehungszeit vergleichsweise fortschrittlich, denn es gestand den Bauern viel Selbständigkeit zu. Es erhielt sich als Relikt der Feudalepoche aber noch bis in die Zeit nach dem Zweiten Weltkrieg; bis vor wenigen Jahrzehnten mußten die meisten toscanischen Bauern

mehr als ein Drittel ihrer Erträge an die Grundbesitzer abgeben! Zahlreiche Bauern waren revolutionär eingestellt; noch heute gibt die Mehrheit der Toscaner – gerade auf dem Land – ihre Stimme den Linksdemokraten und – mit Stimmenanteilen, die bei rund 10% liegen – den Kommunisten. Seit den 50er Jahren wurde das Pachtsystem durch eine Landreform allmählich aufgehoben; zugleich setzte aufgrund der verstärkten Industrialisierung eine starke Landflucht ein. Viele Bauernhöfe wurden verlassen und standen leer, bis sich in den 60er Jahren die ersten Städter für diese Bauten interessierten. Heute dienen viele Tausend ehemaliger Gehöfte als Ferienwohnungen oder auch als Dauerwohnsitze städtischer »Aussteiger«; die toscanischen Immobilienpreise sind in unerwartete und für Neuinteressenten unerfreuliche Höhen gestiegen.

Der Stil toscanischer Bäuernhäuser wurde von städtischer Architektur beeinflußt

Kunst in der Toscana

Etruskische Nekropolen, romanische Kirchen, mittelalterliche Orte

Die Toscana ist eine der großen Kunstlandschaften der Welt; in einer mehr als zweitausendjährigen Geschichte haben Etrusker, Römer, Langobarden, vor allem aber die Stadtkulturen des Mittelalters und der Renaissance ihre Spuren hinterlassen. Wanderungen in der Toscana führen daher nicht nur in eine begeisternde Natur, sondern immer wieder auch zu großen Kunstwerken.

Vor allem im Süden der Toscana finden sich etruskische Gräber und Nekropolen; die bedeutendste liegt in der Nähe des kleinen Ortes So-vana. Hier führt der Wanderweg (s. Tour 21) durch eine romantisch wirkende Felsnekropole, in der fein dekorierte Gräber direkt in den vulkanischen Tuff geschlagen wurden. Die um 200 v.Chr. entstandene Tomba Ildebranda ist eines der größten erhaltenen Etruskergräber überhaupt. Ihr repräsentativer Außenbau in Form eines Tempels wurde aus einem Tuff-Felsen herausgerbeitet und dann mit einer Stuckglasur überzogen. Die Grabkammer war nur für eine Person gedacht – gewiß für einen Machthaber, denn anders ließe sich die ungewöhnliche Größe des Monuments kaum erklären. Erhalten blieben der Kern des Tempelbaus, eine Säule und elf Säulenstümpfe des Umgangs, ein

Teil des Frieses sowie Reste der Bemalung. Die landschaftliche Umgebung – Schluchten, eine dichte Vegetation und sprudelnde kleine Bäche – verleiht dem Bauwerk einen ungewöhnlichen Reiz.

Bemerkenswert sind in diesem Gebiet auch die tief in den Tuff geschlagenen Wege, über denen sich mehr als 10 m hohe Felsen erheben. Vielleicht hatten diese Anlagen eine kultische Funktion. Solche Vermutungen sind aber rein spekulativ: Es gibt über die Etrusker kaum wirklich sichere Erkenntnisse; die meisten Annahmen wurden gleichsam detektivisch aus Grabfunden abgeleitet, denn die schriftlichen Zeugnisse über diese Kultur sind äußerst spärlich.

Die Römer hinterließen in der Toscana nur relativ wenige Bauten; zu den bedeutendsten zählen die Ruinen von Fiesole (s. Tour 1) und das Theater von Volterra (s. Tour 6). Seit dem frühen Mittelalter aber gewann die Toscana stark an Bedeutung. An der »Frankenstraße«, der über Lucca, San Gimignano und Siena führenden Hauptverbindung von Deutschland und Frankreich nach Rom, entstanden Klöster und Kirchen wie die Abtei von Sant'Antimo, einer der schönsten Bauten der Toscana (s. Tour 15). Einsam liegt die romanische Kirche in einem Tal südlich von Montalcino, inmitten von Feldern, Olivenhainen und ginsterbewachsenen Hängen. Mit ihren hellen Travertinsteinen fügt sie sich vollkommen in die Landschaft ein. Eine große Zypresse flankiert den quadratischen Glockenturm, Ölbäume umgeben die Apsis, die steinernen Löwen des Portals blicken auf bröckelnde,

grün bewachsene Steinmauern. Das Bauwerk wirkt wie aus der Landschaft emporgewachsen. Im Innern schaffen die romanischen Rundformen in Verbindung mit der Helligkeit des Raums eine eigentümliche, in dieser Form einzigartige Harmonie.

Einen ganz andersartigen Eindruck vermittelt die verfallene Zisterzienserabtei San Galgano (s. Tour 17). Das Dach der gotischen Klosterkirche südwestlich von Siena stürzte im 18.Jh. ein und wurde seither nicht erneuert; die gewaltigen Mauern aber blieben erhalten, so daß die Anlage heute den ungewöhnlichen Eindruck einer monumentalen Kirchenruine erweckt.

In vorzüglichem Erhaltungszustand befinden sich dagegen zahlreiche kleine toscanische Städte. Sie fanden meist im Mittelalter ihre heutige Gestalt. Damals wurde die Toscana zu einem Zentrum der europäischen Handelsströme - zu einer Drehscheibe zwischen dem reichen Orient und den Märkten Mitteleuropas, wie den berühmten Champagnemessen. Toscanische Kaufleute und Bankiers waren in ganz Europa, in Nordafrika und im Vorderen Orient tätig, und selbst die Händler kleinerer Orte, wie beispielsweise San Gimignanos, gelangten regelmäßig bis nach Kleinasien und Ägypten. Die Zeugnisse aus dieser Zeit – vor allem dem 12.-15.Jh. – sind in der Toscana noch überall zu sehen, und die Wanderungen dieses Buches führen zu vielen wunderschönen alten Orten: San Gimignano (s. Abb.), Montalcino, Montepulciano, Volterra, Cortona, Pitigliano - um nur einige zu nennen.

Der Blick auf die Stadt

Von Fiesole nach Settignano

Dieser Spaziergang in der unmittelbaren Umgebung von Florenz führt von Fiesole durch die charakteristische Landschaft der florentinischen Hügel, durch Olivenhaine, Laub- und Zypressenwald. Man genießt schöne Blicke auf die Stadt vor dem Hintergrund der Berge des Chianti und des Pratomagno.

DIE WANDERUNG IN KÜRZE

+
Anspruch

2-3 Std.
Gehzeit

10 km
Länge

Charakter: Leichte Tour auf breiten Feldwege, gelegentlich schmalere Pfade, im letzten Stück (Variante) fast durchgehend kleines Asphaltsträßchen

Markierung: Rot-weiße Markierung (Weg Nr. 1) des Club Alpino Italiano

Wanderkarte: Kompaß Nr. 660 Firenze–Chianti (1 : 50 000)

Einkehrmöglichkeiten: Restaurants in Fiesole, Settignano und Compiobbi

Anfahrt: Florenz–Fiesole mit **Stadtbus** Nr. 7 (ab

Hauptbahnhof/Piazza San Marco), Fahrzeit 25–30 Min.; Settignano–Florenz mit Stadtbus Nr. 10, Fahrzeit bis Stadtzentrum Florenz 25–30 Min.; Compiobbi–Florenz: häufige Bus- und gelegentliche Bahnverbindungen, Fahrzeit ca. 25 Min. Busfahrkarten in Tabacchi-Geschäften, nicht im Bus!

Öffnungszeiten: Ausgrabungsgelände in Fiesole: Im Sommerhalbjahr tägl. 9–19 Uhr; Okt. bis März 10–16 Uhr, Di geschlossen. Die Kirchen sind von 12–16 Uhr geschlossen.

In **Fiesole** geht man auf der Piazza Mino da Fiesole (Bus-Endstation) rechts am Reiterdenkmal vorbei, nimmt die kleine Straße, welche ganz rechts ansteigt (Via Giuseppe Verdi). Bei einer Abzweigung geradeaus, bei einer folgenden Gabelung links aufwärts. Mit Blick auf Florenz auf diesem Sträßchen den Hang entlang, bei einer Gabelung nach

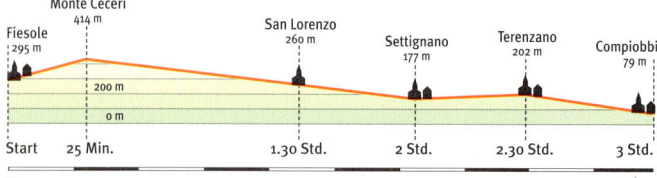

Fiesole 295 m — Monte Céceri 414 m — San Lorenzo 260 m — Settignano 177 m — Terenzano 202 m — Compiobbi 79 m

Start — 25 Min. — 1.30 Std. — 2 Std. — 2.30 Std. — 3 Std.

0 — 10 km

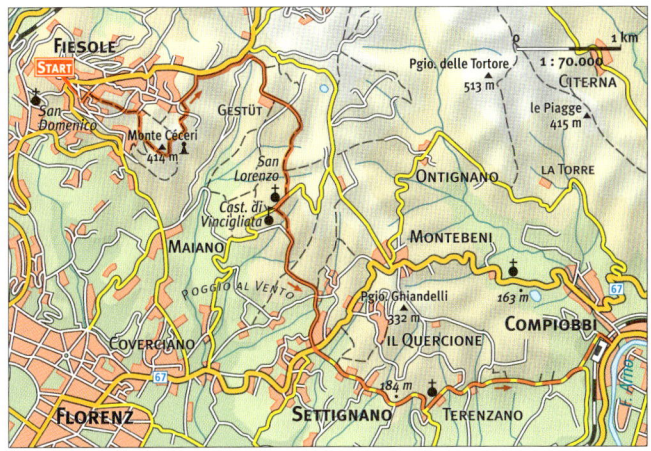

rechts abwärts. 100 m danach biegt das Sträßchen scharf nach links ab (10 Min.). Man geht hier auf einem Feldweg zwischen Steinmauern weiter geradeaus, steigt langsam an zum Monte Céceri. An einem kleinen Platz im Wald mit Weggabelung folgt man dem Weg nach links aufwärts, geht an der nächsten Gabelung (wenige Meter danach) nach links und gleich wieder nach rechts, immer ansteigend. Von dem breiteren Weg biegt man auf einen nach links abzweigenden Pfad (20 Min.), steigt relativ steil an und erreicht den Gipfel des **Monte Céceri,** den höchsten Punkt der Wanderung (25 Min.). Weiter Blick über die florentinischen Hügel. Ein Gedenkstein erinnert an Leonardo da Vincis Idee, von diesem Berg aus Flugversuche zu starten.

Auf einem breiten Weg vom Gipfel nach links. Rechts unterhalb wird Settignano, das Ziel der Wanderung, sichtbar. Der Weg senkt sich langsam; vor einer Serpentine kürzt man ab, indem man einen Pfad nach rechts nimmt (30 Min.). Man erreicht wieder den breiten Weg, geht an einer Gabelung links und stößt bei einigen Häusern auf ein Asphaltsträßchen, welchem man nach rechts folgt. Auf diesem Asphaltsträßchen gelangt man zur Hauptstraße, biegt nach rechts ab und geht ca. 200 m bis zu einer Bushaltestelle rechter Hand. Nach rechts in den Wald, auf dem oberen von zwei Pfaden bis zu einem Sträßchen. Nach rechts; nach weiteren 50 m bei einer Abzweigung geradeaus, weiter auf einem breiten, nicht-asphaltierten Fahrweg. Man passiert ein Gestüt (gut 1 Std. ab Fiesole), steigt dann zwischen Ölbäumen ab. Bei einer Abzweigung geradeaus, weiter durch Wald zu einem Bauernhof inmitten eines Olivenhains. Bald darauf wieder Wald; an einer Gabelung geht man links aufwärts, kommt zu einer Straße (1.30 Std.). Man geht nach rechts, passiert das Kirchlein **San Lorenzo** und ein Anwesen und biegt nach diesem links in einen Feldweg ein. Diesem folgt man, bis er in einen Querweg mündet. Links gehen, an einem Bauernhaus vorbei. Hinter einem zweiten Bauernhaus **(Poggio al Vento)** biegt man nach links ab (1.45 Std. – An dieser Stelle kreuzen sich zwei

Bei Fiesole

markierte Wanderwege. Die Markierungen, welche in alle Richtungen führen, können irritieren.)

Der Weg führt rasch abwärts, am Schluß durch eine schöne Zypressenallee. An einer Kreuzung auf einem Asphaltsträßchen (Via Desiderio da Settignano) geradeaus, am Friedhof vorbei nach **Settignano** hinein. An der nächsten Kreuzung rechts (Via San Romano) zur Piazza, wo sich die Bushaltestelle befindet. (2 Std.)

Fortsetzung Settignano–Compiobbi:
Wer den Weg in Settignano fortsetzen möchte, kann in rund 1 Std. nach Compiobbi im Arno-Tal absteigen. Der Weg ist weiterhin markiert und – da er fast ausschließlich eben oder leicht absteigend verläuft – angenehm zu gehen; allerdings ist er nahezu durchgängig asphaltiert. Er führt durch harmonisch kultivierte, meist mit Olivenbäumen bestandene Landschaft, vorbei an Villen und Bauernhäusern; man blickt auf die Hügel des Arno-Tals.

In **Settignano** angekommen, geht man an der Kreuzung Via Desiderio da Settignano/Via di San Romano geradeaus weiter in die Via del Rosselino und folgt dieser aus dem Ort heraus, zunächst noch mit einigen leichten Anstiegen, dann eben und absteigend. Man bleibt immer auf dem Hauptweg. Bei einer Gabelung nach gut 15 Min. rechts halten (Via di Terenzano), bald darauf bei einem Quersträßchen links aufwärts und gleich wieder – vor einem Friedhof – rechts in einen Pfad, auf welchem man zum Weiler **Terenzano** absteigt (2.30 Std.). Man biegt nach links,

stehen an den Hängen unterhalb des Ortes.

Der **Dom San Romolo** an der zentralen Piazza Mino da Fiesole wurde 1028 begonnen und im 13. Jh. umgebaut. Auf dem Hochaltar findet sich ein Marientryptichon des Malers Bicci di Lorenzo (um 1450). Sehenswert ist auch die dreischiffige romanische Krypta.

Das **Ausgrabungsgelände** zeigt Ruinen römischer und etruskischer Bauten. Das Theater (1. Jh. v. Chr.) bot etwa 2500 Zuschauern Platz. Rechts vom Theater finden sich Thermen mit Schwimmbecken, Resten der Heizungsanlage und Baderäumen. Auf der gegenüberliegenden Seite des Geländes findet man die Ruinen eines etruskischen, von den Römern umgebauten Tempels. Gut erhalten blieb die große, zum Teil noch auf die Etruskerzeit zurückgehende Stadtmauer an der Nordseite des Geländes.

geht durch den Ort, hält sich dann bei einer Gabelung rechts, kommt wieder zu einem Asphaltsträßchen, in das man nach links einbiegt und dem man bis **Compiobbi** folgt (3 Std.).

Fiesole

Fiesole wurde vermutlich bereits im 9. Jh. v. Chr. gegründet und war lange Zeit wesentlich bedeutender als das erst in römischer Zeit entstandene Florenz. 1125 wurde der Ort von Florenz unterworfen. Wegen seiner schönen Lage und des angenehmen Klimas entwickelte sich Fiesole in der Renaissance-Zeit zum Sommersitz wohlhabender Florentiner (unter anderem der Medici-Familie), die hier ihre Villen bauten. Diese Tradition hat sich bis in die Neuzeit erhalten; zahlreiche Villen des 19. Jh.

Monte Céceri

Leonardo da Vinci hoffte, von diesem Berg (414 m) aus eine Flugmaschine starten zu lassen. Eine Gedenktafel auf dem Gipfel gibt seine entsprechende Tagebuchnotiz wieder. Sie lautet auf deutsch: »Der große Vogel wird sich über dem Rücken des großen Schwans zum ersten Flug erheben. Er wird das Universum mit Erstaunen erfüllen. Alle Schriften werden voll seines Rufes sein und ewiger Ruhm wird dem Orte bleiben, wo er entstand.« Der große Vogel – das war Leonardos Flugmaschine (keines seiner zahlreichen Modelle wäre allerdings wirklich funktionsfähig gewesen); der große Schwan ist der Monte Céceri (*cecero* = Schwan).

In den florentinischen Hügeln

Von Settignano über Ontignano nach Compiobbi

Dieser Weg führt ins Hinterland von Florenz, in eine abgelegenere Gegend. Die Nähe der Stadt ist kaum mehr spürbar. Man durchwandert das Tal des Flüßchens Sambre, mit Blick auf baumbestandene Hügel, verstreute Bauernhäuser, auf Zypressenwäldchen und Olivengärten. Besonders reizvoll ist dieser Weg im Frühling und zur Zeit der Laubfärbung.

DIE WANDERUNG IN KÜRZE

+
Anspruch

Charakter: Leichte bis mittelschwere Wanderung durch sanftes Hügelland; Anstieg rund 300 Höhenmeter in zwei Abschnitten; Feldwege und schmale Pfade; zum Schluß gut 1 km auf einem Asphaltsträßchen

2.20 Std.
Gehzeit

8 km
Länge

Markierung: Rot-weiße Markierungen des Club Alpino Italiano. Nacheinander Wege Nr. 1, Nr. 2, Nr. 6, Nr. 5. Die letzten 50 Min. ohne Markierung.

Wanderkarte: Kompaß Nr.

660 Firenze–Chianti (1:50 000)

Einkehrmöglichkeiten: Restaurants in Settignano und Compiobbi

Anfahrt: Florenz–Settignano mit Stadtbus Nr. 10 ab Bahnhof Piazza San Marco; Fahrzeit 25–30 Min. Compiobbi–Florenz: Häufige Bus- und gelegentliche Bahnverbindungen; Fahrzeit ca. 25 Min. Busfahrkarten im Tabacchi-Geschäft, nicht im Bus.

Von der Piazza in **Settignano** (Endstation des Busses) geht man die Via di San Romano aufwärts, biegt nach 150 m in die erste Straße nach links (Via Desiderio da Settignano), erreicht den Friedhof (knapp 10 Min.) und gleich darauf eine Kreuzung, an der man geradeaus geht und in einer Zypressenallee ansteigt (Wegmarkierung rot-weiß Nr. 1). Nach rund zehnminütigem Anstieg gelangt man zu einem Haus

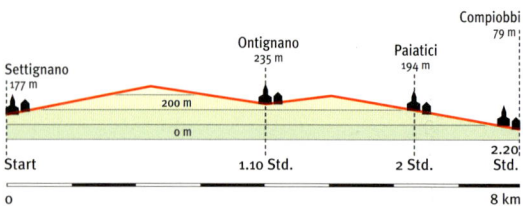

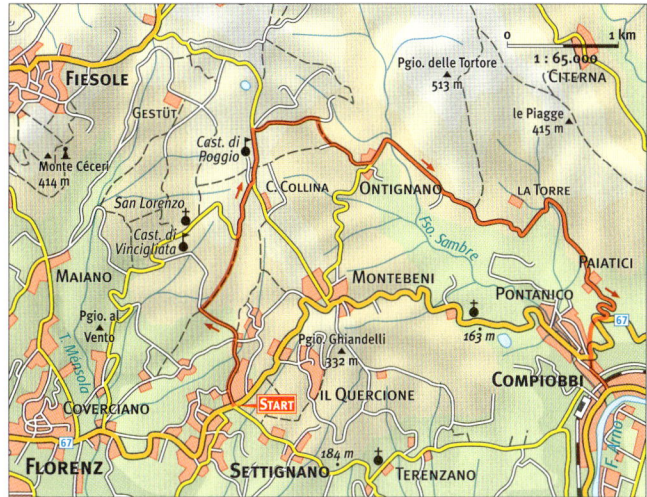

rechter Hand, bei dem man nach rechts abbiegt, um gleich wieder (um das Haus herumgehend) einen rechts abzweigenden Pfad einzuschlagen (Wegmarkierung rot-weiß Nr. 2). Auf diesem Pfad zwischen einem Wäldchen und einem Olivenhain aufwärts, mit schönem Blick auf Florenz. Der Pfad führt durch Gehölz weiter. Bei einer Gabelung rechts halten; an einem kleinen Platz in der Nähe einer Asphaltstraße (35 Min.) weiter auf kleinem Weg nach rechts aufwärts, parallel zur Straße. An einem weiteren Platz einige Meter nach links gehen, dann wieder nach rechts. Man erreicht die Hügelkuppe bei der Straße Montebeni – Fiesole (45 Min.).

Man geht 5 Min. auf dieser Straße in Richtung Fiesole (nach links), biegt dann nach rechts in einen abwärts führenden Fahrweg (Via Castel di Poggio, Wegmarkierung rot-weiß Nr. 6). Man steigt auf einigen Serpentinen ab, nimmt nach gut 5 Min. den zweiten nach

rechts (abwärts) abzweigenden Weg. An einem Bauernhaus vorbei, durch einen Olivenhain bis zu einem asphaltierten Weg (gut 1 Std.), dem man nach links abwärts folgt. Bald darauf sieht man rechts das Kirchlein des Weilers **Ontignano,** kommt zu einer Gabelung, bei der man weiter geradeaus geht (nunmehr Wegmarkierung Nr. 5). Abwärts zu einem Bach (mit einem kleinen Wasserfall), dann weiter auf langsam ansteigendem Weg mit schönen Blicken auf das Tal und seine Gehöfte. Nach gut 1.30 Std. erreicht der Weg seinen höchsten Punkt. Die rot-weiße Markierung weist hier nach links aufwärts, man geht aber ohne Markierung auf dem Hauptweg geradeaus weiter.

An einer Gabelung rechts, dann in Serpentinen hinab zu einem Bach (1.50 Std.). Diesen überqueren, auf seiner linken Seite weiter talabwärts. Man erreicht den Weiler **Paiatici** (2 Std.); ab hier ist das Sträßchen asphaltiert. 10 m hinter der ersten scharfen Rechtskurve

Unterwegs begegnet man immer wieder einzeln stehenden Bauernhäusern

der Asphaltstraße kann man nach links auf einen steilen Waldpfad biegen und so den Weg abkürzen: Man überquert bald ein Sträßchen, geht geradeaus auf einem Pfad am Rand einer Ölbaumpflanzung wei-

ter abwärts. Bei einem Querweg nach rechts, wieder zur Straße, und in Kurven abwärts nach **Compiobbi** (2.20 Std.).

Über dem Tal des Arno

Von Bagno a Ripoli nach San Donato in Collina

Dieser Weg im Südosten von Florenz bietet schöne Blicke auf die Stadt und das Arno-Tal, später auch auf das Gebirge des Pratomagno. Er führt in abwechslungsreichem Auf und Ab durch Wald, Ölbaumhaine und über ginsterbestandene Flächen. Von Zeit zu Zeit tauchen Häuser und Häusergruppen auf; dann wieder verläuft der Pfad in der nahezu vollkommenen Ruhe des Waldes. Die Stadt scheint weit entfernt.

DIE WANDERUNG IN KÜRZE

++ Anspruch	**Charakter:** Mittelschwere Wanderung auf Feldwegen und Waldpfaden; ca. 35 Min. auf Asphaltstraßen	Nr. 660 Firenze–Chianti (1:50 000)
2.40 Std. Gehzeit	**Markierung:** Ab Bigallo (nach gut 20 Min.) rot-weiße Markierungen des Club Alpino Italiano: zunächst Weg Nr. 6, dann Weg Nr. 00	**Anfahrt:** Ab Florenz **Stadtbus** Nr. 33 (ab Hauptbahnhof oder Dom) bis Endhaltestelle Bagno a Ripoli – La Fonte; alle 20 Min., Fahrzeit 40 Min. San Donato–Florenz mit **SITA-Bus:** Verbindungen werktags 13.20, 14.10, 15.05, 17.40, 18.40 Uhr, So u. Fei 14.10, 17.10 Uhr; Fahrzeit 40 Min. Fahrkarten in der Bar in San Donato oder am Busbahnhof in Florenz (beim Hauptbahnhof).
9 km Länge	**Einkehrmöglichkeiten:** Restaurant in San Donato in Collina	
	Wanderkarten: Multigraphic Nr. 42/43 Monti del Chianti 1:25 000; Kompaß	

Von der Endstation der Buslinie 33 in **Bagno a Ripoli,** Ortsteil **La Fonte,** geht man auf der Straße ortsauswärts (in Richtung San Donato) und nach 5 Min. – in einer Rechtskurve der Straße – geradeaus in ein kleineres Sträßchen (Richtung Bigallo), welches zwischen Olivenpflanzungen ansteigt. Im Weiler **Bigallo** wendet man sich – vor einem großen Gebäude rechter Hand – nach links in einen asphaltierten Weg (Via della Bascula; gut 20 Min; der Weg ist ab hier rot-weiß markiert, Nr. 6). Die Asphaltierung hört bald auf. Wenig

später biegt man hinter einer Villa nach rechts, geht bei der nächsten Abzweigung auf dem nicht asphaltiertem Weg geradeaus. Wenige Minuten später verläßt man den Hauptweg, nimmt einen kleineren Weg nach rechts, für wenige Meter zunächst an einem Zaun entlang. Man steigt nunmehr im Wald aufwärts. An einer weiteren Gabelung links, nächste Gabelung rechts.

Der Weg steigt, gut markiert, zum Teil mit schönen Ausblicken auf das Arno-Tal und die gegenüberliegenden Berge, im Wald weiter an. Bei

einer Gabelung an einer Stelle mit mehreren Steinstufen auf dem Weg hält man sich rechts (45 Min.), erreicht bald darauf einen kleinen Platz mit einigen Schuppen linker Hand, geht hier auf kleinem Pfad geradeaus. Bei einem Teersträßchen biegt man nach links, steigt weiter an in Richtung auf eine Villa auf einer Hügelkuppe, an der man schließlich links vorbeigeht (**Monte Pilli,** 491 m; 1 Std.).

Der Weg senkt sich. Nach ca. 10 Min. passiert man ein Anwesen, kurz darauf ein Restaurant und trifft schließlich auf eine Asphaltstraße (1.15 Std.). Hier biegt man in einen nach links abwärts führenden Feldweg (Via Ponti di Millo). Vor dem ersten Haus nach links, vor dem näch-

sten nach rechts, am dritten links vorbei; bei einer Weggabelung nach rechts aufwärts in den Wald. Bei einer Abzweigung geradeaus; Blicke auf einen Teich unterhalb terrassierter Olivenpflanzungen.

Weiter auf kleinem Pfad durch Wald. Man erreicht einen Fahrweg, auf dem man sich nach links wendet, auf ein modernes Haus zu; vor diesem biegt man nach rechts in einen ansteigenden Pfad (1.40 Std.; ab hier Markierung rot-weiß Nr. 00). Man folgt diesem z. T. etwas zugewachsenen Weg bis zu einer kleinen Hochfläche mit sehr schönen Fernblicken (**Poggio Crociferro,** 511 m; 1.50 Std.) und gelangt schließlich zu einer Asphaltstraße. Auf dieser geht man geradeaus. Wenige Minuten

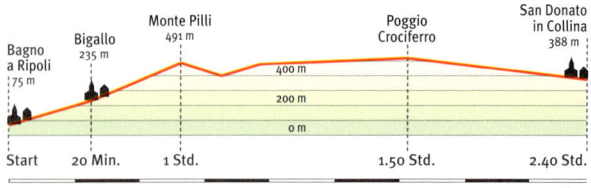

Bei San Donato in Collina

darauf, vor der Villa »Le Vedute« (Hausnummer 74), nach rechts in einen kleinen, ein kurzes Stück steil absteigenden Pfad. Unterhalb der Villa am Zaun entlang. Weiter durch Gebüsch, Eichenwald, Ginster. Bei einer Gabelung vor einer Mauer nach rechts, gleich darauf bei einer Pfadverzweigung wieder rechts. Nach 2.20 Std. erblickt man vor sich eine Straße, geht an einer Gabelung links, erreicht die Straße und, sich nach links wendend, auf dieser nach 1 km **San Donato** (2.40 Std.).

Der Weg der schönen Türme

Rundweg bei San Gimignano

Mit Recht gehört San Gimignano zu den beliebtesten Zielen Mittelitaliens. Das Stadtbild des 13. und 14. Jh. ist selbst für die Toscana einzigartig. Die Umgebung erfüllt die schönsten Toscana-Träume: sanft gewellte Hügelketten, das Silbergrau der Ölbäume, Zypressenreihen und Gehöfte, Weinberge, zart verschwimmende Farben und dazu fast ununterbrochen die Silhouette der berühmten ›Geschlechtertürme‹.

DIE WANDERUNG IN KÜRZE

+
Anspruch

Charakter: Einfacher Spaziergang auf breiten, bequemen Fahrwegen; 20 Min. auf Asphalt

1.40 Std.
Gehzeit

Wanderkarte: Kompaß Nr. 660 Firenze–Chianti (1:50 000); Multigraphic San Gimignano–Volterra (1:25 000)

9 km
Länge

Einkehrmöglichkeiten: In San Gimignano

Anfahrt: Von und nach

Florenz und Siena **Bus-Verbindungen** alle 1–2 Stunden, jeweils mit Umsteigen in Poggibonsi; Fahrzeit nach Florenz 1.15 Std. (Schnellbus) bzw. 2 Std., nach Siena 1.15 Std. Letzter Bus ab San Gimignano in beide Städte 20.10 Uhr.

Von der Piazza della Cisterna im Zentrum von **San Gimignano** verläßt man den Ort auf der Via San Giovanni in südlicher Richtung. Durch das südliche Stadttor, dann 100 m weiter auf der Asphaltstraße, bis diese nach rechts biegt. Hier steigt man nach links ein Treppchen hinab, geht auf einem Fahrweg in östlicher Richtung weiter abwärts. An einigen

neueren Häusern vorbei; bald werden links die Türme von San Gimignano sichtbar; rechts blickt man auf das Kloster Monte Oliveto. In östlicher Richtung erkennt man den Hügelkamm, auf dem der zweite Teil der Wanderung verläuft.

Man folgt, immer leicht absteigend, dem Weg bis zu einer Asphaltstraße (35 Min.), wendet sich

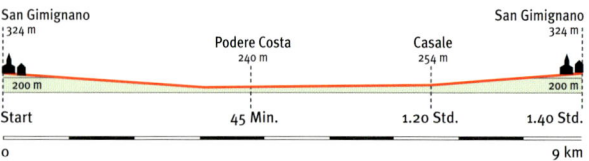

San Gimignano
324 m

Podere Costa
240 m

Casale
254 m

San Gimignano
324 m

200 m

200 m

Start

45 Min.

1.20 Std.

1.40 Std.

0

9 km

auf dieser nach links. 200 m auf der Straße, welche eine Rechtskurve beschreibt; hinter der Kurve biegt man nach links in einen ansteigenden Fahrweg. Man lasse sich nicht irritieren durch verschiedene Schilder mit dem Hinweis »Divieto di caccia«; sie verbieten nur das Jagen, nicht das Spazierengehen. Anstieg zum **Podere Costa,** einem Bauernhaus (45 Min.). Eine große Aufschrift »Attenti al cane« (»Vorsicht vor dem Hunde«) warnt vor dem Betreten eines oberhalb gelegenen Villengeländes, bezieht sich aber nicht auf unseren Weg.

Unmittelbar hinter dem Bauernhaus biegt man vom Hauptweg – welcher sich nach rechts wendet – ab, geht nach links in einen Feldweg. Auf diesem oberhalb von Weinbergen bis zu einem breiten Fahrweg (55 Min.); auf dem Fahrweg nach links. Man folgt dem Weg auf dem Kamm eines langgestreckten Hügelzugs; sehr schöne Blicke nach links auf San Gimignano, nach rechts auf mehrere hintereinander gelagerte Hügelketten.

Den Fahrweg entlang bis zu einer Asphaltstraße bei der Häusergruppe **Casale** (1.20 Std.). Auf der Straße nach links Richtung San Gimignano. Nach 1 km (weiterhin schöne Blicke) gelangt man zur Straße San Gimignano – Certaldo. Man überquert sie, steigt auf kleinerem Sträßchen aufwärts und erreicht – nach einer Linkskurve und einigen Treppenstufen – den Ortskern von **San Gimignano** bei der Porta San Matteo. Von hier sind es nur noch wenige Minuten bis zur Piazza (1.40 Std.).

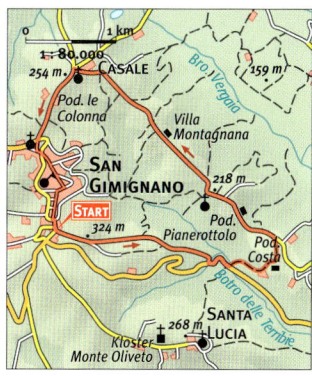

San Gimignano

San Gimignano hat das Stadtbild des 13. und 14. Jh. hervorragend bewahrt. Die Silhouette des Ortes wird geprägt durch die berühmten **Geschlechtertürme.** Sie dienten den reichen Familien der Stadt als Prestige- und Verteidigungsbauten. Einst standen in San Gimignano 72 Türme; 15 von ihnen sind erhalten geblieben.

Früher standen solche Bauten in den meisten Städten Mittelitaliens. Florenz, Siena und Pisa hatten jeweils einige hundert Türme! Nur in San Gimignano aber blieben sie bestehen, weil dieser kleine Ort schon unter den Medici-Großherzögen unter Denkmalschutz gestellt wurde. Die Türme dienten zur Verteidigung bei gewaltsamen Streitigkeiten zwischen den Familienverbänden. Noch wichtiger aber war der Prestige-Aspekt: Man baute so hoch wie möglich, um die eigene Macht zu demonstrieren – ohne Rücksicht auf Einsturzgefahr. In San Gimignano wurde daher verfügt, kein privater Turm durfte den Rathausturm (54 m) überragen. Der Symbolcharakter der Türme wird an einer ungewöhnlichen Sitte deutlich: Nach den Kämpfen wurden die Türme der unterlegenen Familien ›kastriert‹. Man trug zum Zeichen der Demütigung die oberen Stockwerke ab. Solche verkleinerten Türme sind heute noch im Ort zu sehen.

Die **Piazza della Cisterna** mit einem Brunnen von 1273 und schönen mittelalterlichen Häusern ist das ehemalige Handelszentrum der Stadt. An der angrenzenden **Piazza del Duomo** stehen zwei Rathäuser: gegenüber der Kirche der Palazzo del Podestà, einst Sitz des Bürgermeisters, mit einer offenen Gerichtshalle; links von der Kirche der Palazzo del Popolo, in dem die städtischen Räte tagten.

Die **Collegiata** (Pfarrkirche) wurde im 12. Jh. in romanischen Formen erbaut, im 15. Jh. erweitert und verändert. Sie ist vollständig mit Fresken ausgemalt. An der linken Wand hat der sienesische Maler Bartolo di Fredi 1367 Szenen des Alten Testaments dargestellt. Bemerkenswert sind vor allem die Paradiesszenen in der obersten Reihe, die Arche Noah mit den zahlreichen unterhaltsamen Tierpaaren, der Gang durchs Rote Meer mit den stocksteifen Leichen der Ertrunkenen, die »Schande Noahs«, der sich nach übermäßigem Weingenuß entblößt. An der rechten Wand befinden sich dramatische und farbintensive Szenen des Neuen Testaments von Barna da Siena (um 1350), u. a. interessante Darstellungen des Einzugs in Jerusalem, der schlafenden Jünger in Gethsemane, des Judaskusses, der Kreuztragung und der Kreuzigung. Die **Kapelle der hl. Fina,** der Stadtpatronin von San Gimignano (am Ende des rechten Seitenschiffs), wurde 1475 von dem florentinischen Renaissance-Maler Domenico Ghirlandaio mit Szenen aus dem Leben der Heiligen ausgemalt. An der Eingangswand befindet sich ein Fresko »Martyrium des hl. Sebastian« von Benozzo Gozzoli (1465) mit vielen anmutigen Renaissance-Gestalten. Links und rechts oberhalb des Sebastian-Freskos hat Taddeo di Bartolo 1393 Hölle und Paradies gemalt; beeindruckend sind die drastischen Schilderungen der Höllenstrafen. Vom schönen Hof links neben der Kirche (mit einem Verkündigungs-Fresko von Ghirlandaio) ist der Rathausturm, der höchste Turm San Gimignanos, zugänglich.

In der Nähe der Porta San Matteo am nördlichen Altstadtrand steht die romanisch-gotische Kirche Sant' Agostino (Ende 13. Jh.). Im Chor befindet sich ein Freskenzyklus von Benozzo Gozzoli (1464/65): »Leben des hl. Augustinus«. Schöner Kreuzgang des 15. Jh.

Empfehlenswert ist der kurze Spaziergang zur Rocca (Wegweiser rechts von der Kirche), dem höchsten Punkt San Gimignanos mit herrlicher Aussicht auf die Stadt und die Landschaft der Umgebung.

Blick auf San Gimignano

Klassische Toscana

Von Colle di Val d'Elsa nach San Gimignano

Eine Wanderung mit Bildern, wie man sie immer erträumt hat: die Reihen der sanften Hügel, die edlen Formen der Bauernhäuser, die Ölbäume und die Aussicht auf San Gimignano mit seinen allmählich näherrückenden Türmen. Diese Blicke sind so schön, daß man das weniger interessante erste Wegstück und längere Strecken auf – allerdings kaum befahrenen – Asphaltstraßen in Kauf nehmen wird.

DIE WANDERUNG IN KÜRZE

+
Anspruch

2.45 Std.
Gehzeit

11 km
Länge

Charakter: Leicht; nur bei Hitze kann der etwas steilere halbstündige Anstieg bis Santa Lucia anstrengend werden. Feld- und Fahrwege; 50 Min. auf Asphalt

Wanderkarte: Kompaß Nr. 660 Firenze–Chianti (1:50 000); Multigraphic San Gimignano–Volterra (1:25000)

Einkehrmöglichkeiten: In Colle di Val d'Elsa und San Gimignano. Unterwegs findet man eine Bar an der Straße Poggibonsi–San Gimignano (1.25 Std. ab Colle di Val d'Elsa).

Anfahrt: Mit dem Bus: Von Siena nach Colle di Val d'Elsa alle 30–60 Min., Fahrzeit ca. 30 Min. Von Florenz etwa stündlich, Fahrzeit 1 Std. (Schnellbus) oder 1.30 Std. Von San Gimignano nach Siena bzw. Florenz alle ein bis zwei Stunden (Umsteigen in Poggibonsi). Fahrzeit bis Siena ca. 1.15 Std., bis Florenz 1.15 Std. (Schnellbus) oder 2 Std. Letzter Bus ab San Gimignano 20.10 Uhr. Rückfahrt San Gimignano – Colle di Val d'Elsa mit Bus San Gimignano–Siena (s. o., mit Umsteigen in Poggibonsi), Fahrzeit ca. 45 Min.

Ausgangspunkt ist die Piazza Arnolfo in **Colle di Val d'Elsa** (Bushaltestelle). Man nimmt die Straße in Richtung Florenz. Nach 5 Min. erreicht man einen Bahnübergang, geht hier zwischen den Gleisen auf

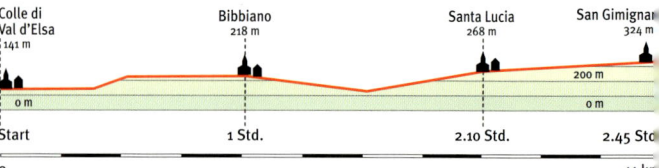

Colle di Val d'Elsa 141 m	Bibbiano 218 m	Santa Lucia 268 m	San Gimignan 324 m
Start	1 Std.	2.10 Std.	2.45 Std

0   11 kr

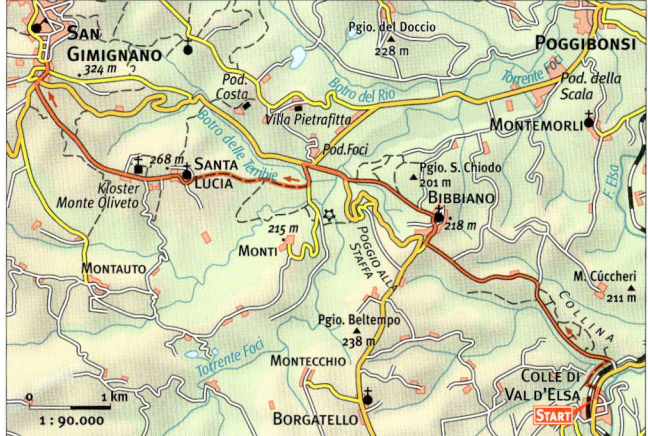

einen breiten Fahrweg nach links. Parallel zur stillgelegten Bahnlinie in nordwestlicher Richtung, bei einer Kapelle (Haus-Nr. 29) geradeaus weiter. Gleich darauf biegt der Weg zwischen Häusern nach links ab. Hier wendet man sich nach rechts und sofort darauf – entweder auf den überwucherten Schienen oder auf der Straße – nach links. Etwa 150 m weiter überquert man eine Brücke; dahinter biegt man in einen Fahrweg nach links (15 Min.).

Bei zwei folgenden Gabelungen hält man sich jeweils links, folgt immer dem Hauptweg im Tal. Bei einer Gabelung (ca. 30 Min.) geht man rechts (weiter auf dem Hauptweg). Der Weg verläßt hier das Tal.

Gleich darauf zweigt ein Weg nach rechts ab; man geht hier weiter geradeaus. Der Weg steigt jetzt an. Kurz bevor er in das Gelände einer Villa führt, biegt man in einen schmaleren Weg nach rechts, folgt diesem – bald mit sehr schönen Blicken auf das Hügelland – immer geradeaus. Man passiert einige Häuser, gelangt schließlich (ca. 1 Std.) oberhalb der Straße Colle di Val d'El-sa – San Gimignano zu einem Sträßchen, geht hier nach rechts, biegt ca. 3 Min. darauf (kurz vor dem Ortskern des Weilers **Bibbiano**) in einen nach links abwärts führenden Weg. Dieser Weg führt in wenigen Minuten zu einem Bauernhof; direkt vor dem Anwesen biegt man nach links in einen grasbewachsenen, am rechten Rand eines Weinfeldes abwärts führenden Weg.

Zunächst über Felder, dann zwischen hohen Ginsterbüschen hinab zur Straße Colle di Val d'Elsa – San Gimignano (1.20 Std.). Auf dieser nach rechts, einige Minuten bis zu einer Straßenkreuzung (Bar), hier nach links (Richtung San Gimignano). 30 m nach der Kreuzung wendet man sich nach links in einen Fahrweg, biegt von diesem nach ca. 250 m in einen nach rechts ansteigenden Weg. Diesem immer aufwärts in westlicher Richtung folgen (bei einer Gabelung auf halber Höhe, bei einem Haus, geht man geradeaus, nimmt den rechten der beiden Wege) bis zum Dorf **Santa Lucia** (2.10 Std.).

Von hier auf einer Asphaltstraße, mit sehr schönen Blicken, in Rich-

Landschaft bei San Gimignano

tung San Gimignano. Man gelangt unterhalb des Ortes zur Straße Volterra – San Gimignano, geht auf dieser nach rechts, überquert gleich darauf eine weitere Asphaltstraße und gelangt auf einem kleinen Sträßchen ins Zentrum von **San Gimignano** (2.45 Std.).

Etruskerstadt an kahlen Hängen

Bei Volterra

Das fast 3000 Jahre alte Volterra beherrscht wie alle Etruskerstädte aus sicherer Höhe das Land. Bei klarer Sicht blickt man bis zum Meer und zu den Gipfeln der Apuanischen Alpen. In unmittelbarer Nähe erstreckt sich eine rauhe Landschaft karger Schafweiden, in der die Erosion merkwürdige Risse und Abgründe geschaffen hat. Zypressenreihen und verstreute Landhäuser setzen graphische Akzente.

DIE WANDERUNG IN KÜRZE

++
Anspruch

2.10 Std.
Gehzeit

7 km
Länge

Charakter: Einfach, jedoch am Schluß mühseliger Anstieg (40 Min.) über Wiesen; nach starkem Regen nicht zu empfehlen; Pfade, Feldwege, 25 Min. auf asphaltierten Wegen

Wanderkarte: Multigraphic San Gimignano–Volterra (1: 25000)

Einkehrmöglichkeiten: In Volterra

Anfahrt: Täglich mehrere Busverbindungen von Volterra nach Cécina (an der Bahnstrecke Pisa – Rom); einige Busse auch Richtung Florenz und Siena. **Rückfahrt:** Busse vom Endpunkt der Wanderung *(bivio Mazzolla)* zurück nach Volterra werktags 19.05 Uhr. Fahrkarten müssen vorher in Volterra gekauft werden (Tabakgeschäfte oder Touristeninformation). Man kann vom *bivio Mazzolla* auch nach Volterra zurückwandern (vgl. Schluß der Wegbeschreibung).

Man geht in **Volterra** am Etruskermuseum (ausgeschildert) vorbei die Via Dom Minzoni stadtauswärts. Aus dem Stadttor Porta a Selci heraus, 30 m danach in einen Treppenweg nach links (Scorcio della Stazione). Man gelangt zur Straße Richtung Colle di Val d'Elsa, biegt nach links, nach 300 m wieder nach links in die Via Luigi Scabia. Das Sträßchen steigt zunächst leicht an. Bei einer Gabelung bleibt man auf der unteren Straße, erreicht dann die **Kirche San Girolamo** (15 Min.).

An der Kirche vorbei geradeaus weiter, unter einer kleinen Brücke hindurch, gleich danach in einen breiten Weg nach rechts hinab (zunächst parallel unterhalb der Straße). Der Weg beschreibt vor einem Haus eine scharfe Rechtskurve. Wenige Meter darauf nimmt man bei einer Dreifach-Verzweigung den mittleren Pfad. Zwischen Weinreben und Ölbäumen hangabwärts, dann bei einer Gabelung rechts gehen und nach 5 m gleich wieder links in einen Pfad zwischen Sträuchern.

Man erreicht einen breiteren Querweg, geht nach links und vor dem nächsten Anwesen (**Podere**

Cellina) auf noch breiterem Weg nach rechts. Linker Hand ist der merkwürdig geformte Kegel des Monte Voltraio sichtbar, auf den die Wanderung zuführt. Man passiert zwei Häuser. Hinter dem zweiten Haus schlägt man einen nach links in Richtung Monte Voltraio abzweigenden Weg ein.

Der Fahrweg senkt sich. Bei einer Gabelung vor einem Haus nach rechts, 20 m darauf wieder nach rechts (an der Abzweigung stehen eine große Eiche und eine kleinere Kastanie). Auf sehr schmalem Pfad am linken Rand einer Ölbaumpflanzung abwärts. Der Pfad führt dann zwischen Hecken und Bäumen weiter. Man steigt in südlicher Richtung ab bis zu einem asphaltierten Weg (45 Min.).

Nach rechts, ohne sich durch bellende, aber freundliche Hunde irritieren zu lassen, vorbei an einem großen, hell verputzten Haus. Man folgt dem Sträßchen, in südlicher Richtung ansteigend, für rund 10 Min. Kurz vor einem Verkehrsschild (»Vorfahrt achten 150 m«) biegt man nach links in einen absteigenden, ebenfalls asphaltierten Weg. Er führt in wenigen Minuten zu einem Anwesen mit kleiner Kapelle, dem **Podere San Lorenzo** (1 Std.).

Wo der Weg nach links zum Anwesen abbiegt, geht man auf einem kleineren Weg geradeaus (rot-weiße Markierung). Nach 3 Min. folgt man der Markierung in einen Pfad nach rechts und gelangt zur Straße (N

439d). Auf der Straße wenige Meter nach links, dann nach rechts in einen breiten Fahrweg (Wegweiser »Pignano«, »Palagione«).

Man geht 15 Min. abwärts bis zu einer Brücke. 100 m hinter der Brücke zweigt man nach rechts ab in einen kleineren Weg. Der Weg endet nach 150 m bei einem Gatter, durch das man auf eine Wiese gelangt. Schaut man von hier nach Süden (im Rücken hat man den Monte Voltraio), so sieht man den Endpunkt der Wanderung: die Straße, die direkt unter einer langgestreckten Hügelkuppe verläuft (links von der Hügelkuppe einige Strommasten, dahinter ein von der Anhöhe halb verdecktes Haus).

Wenn die Bodenverhältnisse es erlauben und das Feld nicht eingesät ist, kann man querfeldein ansteigen, orientiert sich dabei (Grobrichtung) am Gebüsch zur Linken. Ansonsten hält man sich eng am linken Feldrand, geht am Gebüsch entlang. Bitte gehen Sie auf keinen Fall quer durch eingesäte Kornfelder und umgehen Sie Schafherden in großem Bogen! Schöner Blick zurück auf den Monte Voltraio und das große Anwesen Palagione, nach rechts zum Hügel von Volterra. Steiler, anstrengender Anstieg. Am oberen Rand wird das Wiesenstück von meterhohen Lehmwänden begrenzt. Im Südostwinkel des Feldes (in Gehrichtung links oben) findet man einen schmalen Pfad, der zwischen den Lehmhängen

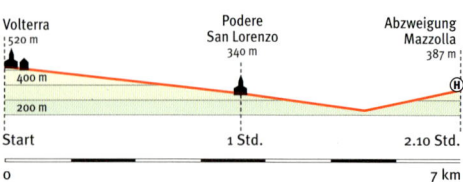

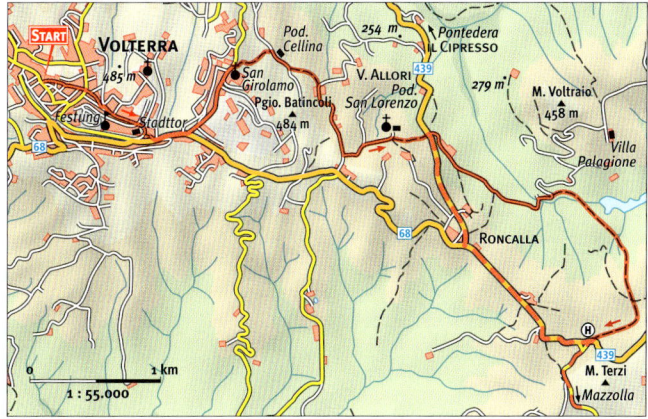

nach links zu einem höher gelegenen Feld ansteigt. Oben angelangt,
biegt man scharf nach rechts, hält
sich etwa parallel zur Stromleitung,
erreicht die **Straße** bei der **Abzweigung Mazzolla,** an der sich eine
Bushaltestelle befindet (2.10 Std.).
– Man kann von der Bushaltestelle
aus in rund 1.30 Std. auch nach Volterra zurückwandern: auf der
Straße Richtung Volterra, nach 1 km
rechts, Richtung Pontedera; nach
weiteren 800 m findet man links
den Pfad vom Hinweg. Auf diesem
zurück nach **Volterra.**

San Girolamo

Die Kirche **San Girolamo** liegt direkt
am Wanderweg. In den Kapellen an
den Seiten der Eingangshalle befinden sich bemerkenswerte Reliefs in
glasierter Terrakotta von dem Renaissance-Künstler Giovanni Della
Robbia (um 1500). Ungewöhnlich ist
insbesondere die Darstellung des
Jüngsten Gerichts in der linken Kapelle. Der Innenraum birgt vier große
Stuckreliefs des Barockkünstlers
Giovanni Mazzuoli (1644-1706).

Volterra

Volterra zählte zu den wichtigsten
Etruskerstädten, behielt auch zur
Römerzeit einige Bedeutung und
gewann im Mittelalter als Bischofssitz erneut Einfluß. Das heutige
Stadtbild ist mittelalterlich geprägt.
Aus der etruskischen Periode stammen noch Teile der ausgedehnten
Stadtmauern sowie das sogenann-
te **etruskische Tor** *(Arco Etrusco).*
Das **Museo Guarnacci** zeigt zahlreiche bedeutende Funde der Etruskerzeit, darunter die berühmte
Skulptur des »Abendschatten« und
den Urnendeckel mit der Darstellung eines alten Ehepaars.

Aus römischer Zeit haben sich
am Stadtrand Reste eines **Theaters**
und einer **Thermenanlage** erhalten.
Die bedeutendsten mittelalterlichen Bauten stehen in der Nähe der
zentralen **Piazza dei Priori.** Der **Palazzo dei Priori** ist der älteste erhaltene Rathausbau der Toscana (1208
begonnen). Im **Dom** sind insbesondere die romanische Kanzel sowie
eine bemalte Holzskulptur der
Kreuzabnahme (13. Jh.) bemerkenswert. Gegenüber vom Dom

Blick auf Volterra mit Palazzo dei Priori (links) und Palazzo Pretorio (rechts)

steht die Taufkirche, das **Baptisterium**. Die **Casa-Torre Buonparenti** ist ein gut erhaltenes Beispiel eines Turmhauses aus dem 13. Jh.

Die gewaltige **Festung** über dem Ort wurde von den Florentinern ausgebaut, nachdem Volterra im Jahr 1361 seine Selbständigkeit verloren hatte. Sie diente der Unterwerfung und der Kontrolle der Stadt. Heute ist in der Fortezza ein Gefängnis untergebracht.

Der Panoramaweg des Chianti

Von San Donato in Collina nach Chiócchio

Eine Wanderung der weiten Blicke: Lange Strecken geht man am Hang macchiabewachsener Hügel, genießt eine außerordentliche Sicht auf das Gebiet um Florenz, die Stadt selbst, den Apennin. Man durchwandert Wälder und Weinberge, Olivenhaine und wucherndes Gebüsch, sieht burgartige Bauernhäuser, durchquert ein ruhiges Flußtal. Im Frühling erfüllt der Duft von Baumheide und Ginster die Wege.

DIE WANDERUNG IN KÜRZE

++
Anspruch

4.40 Std.
Gehzeit

14 km
Länge

Charakter: Mittelschwer bis anstrengend. Zu Beginn ein steiler, vor allem bei Hitze anstrengender Aufstieg. Der Abstieg nach San Polo verläuft streckenweise querfeldein. Pfade und Fahrwege; zwischen San Polo und Chiócchio 45 Min. auf Asphaltsträßchen ohne Verkehr.

Markierung: Von San Donato bis vor San Polo rotweiß, zunächst Weg Nr. 00, dann Weg Nr. 14. Letztes Stück vor San Polo: rote Punkte. Von San Polo in Richtung Chiócchio zunächst rot-weiß (Nr. 20), dann wiederum rote Punkte

Wanderkarten: Multigraphic Nr. 42/43 Monti del Chianti (1:25 000); Kompaß Nr. 660 Firenze–Chianti (1:50 000)

Einkehrmöglichkeiten: Restaurants in San Donato und Chiócchio, Bars und Lebensmittelgeschäfte auch in San Polo

Anfahrt: Die Wanderung wird am besten von Florenz aus durchgeführt, da die Orte am Wege untereinander nicht durch öffentliche Verkehrsmittel verbunden sind. **Busse** Florenz–San Donato werktags etwa stündlich, So u. Fei 10 Uhr, Fahrzeit 40 Min. Florenz–San Polo vormittags dreimal (6.30, 10.30, 13.30 Uhr), So u. Fei keine Verbindungen, Fahrzeit 50 Min. Chiócchio–Florenz Mo–Fr 14.45, 16.15, 17.30, 19.05, Sa 17.30, 18.40, So u. Fei 19.10., Fahrzeit 50 Min. San Polo–Florenz 14.45 (werktags) und 18.30 Uhr (Mo–Fr).

In **San Donato in Collina** biegt man bei der Kirche von der Hauptstraße in westlicher Richtung in die Strada di Montisoni. Nach 200 m vor dem Friedhof eine Gabelung; man geht links aufwärts (rot-weiße Markie-

rung Nr. 00), steigt auf einem Asphaltsträßchen an. Nach rechts bei klarer Sicht schöner Blick auf Florenz vor dem Hintergrund des Apennin. Bei der nächsten Gabelung nimmt man das nach rechts aufwärts

Bei San Polo in Chianti

führende Sträßchen (Markierung). Noch eine Gabelung, man geht rechts (Wegweiser »Casa Gamberaia«, »Parco di Fontesanta«).

Nach einiger Zeit hört die Asphaltierung auf; durch Wald auf Fahrweg weiter aufwärts. Vorbei am Anwesen **Casa Gamberaia,** zu dem bei einer Gabelung ein Weg nach links abbiegt. Man hält sich bei dieser Gabelung rechts, bleibt auf dem ansteigenden Fahrweg. Auf einer Hügelkuppe (35 Min.) gelangt man zu einem Rastplatz. Hier kreuzen sich mehrere Wege. Man verläßt den Weg 00, folgt nun der rot-weißen Markierung Nr. 14: Auf breitem Weg geradeaus weiter in Richtung auf eine 200 m entfernte, durch Bäume ver-

deckte **Schutzhütte (Rifugio Antella).** Man passiert das Haus (eine Gedenktafel erinnert daran, daß hier antifaschistische Partisanen Unterschlupf fanden). Gleich darauf ein Brunnen (kein Trinkwasser), dann eine Gabelung. Man geht links (Weg Nr. 14).

Der Weg hält sich auf der Höhe; schöne Blicke auf das Hügelland, Florenz und den Apennin. Eine Schranke (45 Min.), dahinter folgt man dem Weg nach links abwärts. In einer Viertelstunde gelangt man zu einem Querweg (1 Std.); man geht links, weiter abwärts. Kurz darauf eine Gabelung, man geht rechts abwärts, gleich darauf bei einer Gabelung links (weiter abwärts). Einige

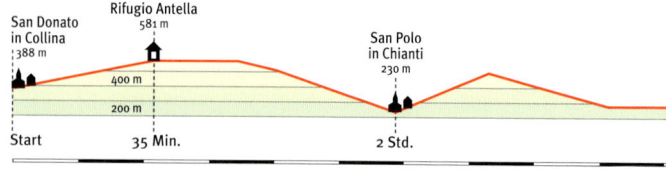

Minuten danach bei einem Querweg wieder nach rechts. Wenig später passiert man eine Häusergruppe **(Casa al Mandorlo).** Dahinter bei einer Gabelung geradeaus (der linke der beiden Wege, Via Poggio al Mandorlo). 100 m weiter biegt man an einer Wegkreuzung nach links, verläßt hier die rot-weiße Markierung, die geradeaus weiterführt. Nach wenigen Metern folgt eine weitere Wegkreuzung; man geht geradeaus auf einem Weg zwischen Ginsterbüschen in Richtung auf die im Tal sichtbaren Häuser von San Polo.

Man folgt dem Weg talabwärts, biegt nach gut 5 Min. in eine bewachsene Fahrspur nach links (Markierung: rote Punkte; die leicht zu übersehende Fahrspur verläuft zunächst zwischen Olivenbäumen links und Gebüsch rechts. Wenn man falsch geht, führt der Weg nach weiteren 100 m in einen Ölbaumhain). Der Weg senkt sich, bleibt dabei immer auf der linken Talseite. Nach weiteren knapp 10 Min. überquert man einen Bach, geht links oberhalb von ihm weiter. Man gelangt zu einer Gabelung (1.35 Std.), nimmt den rechten, schmaleren Weg. Weiter oberhalb des Baches talwärts. Etwa 200 m vor einem neueren beigefarbenen Haus biegt man vom Weg nach rechts zu einem Bachübergang (1.50 Std.), überquert den Bach, geht unmittelbar danach nach links über eine Wiese, dann auf einem Weg auf der rechten Bachseite wei-

ter talwärts. An Weinstöcken und Obstbäumen vorbei gelangt man zu den ersten Häusern von **San Polo in Chianti** und zu einer Asphaltstraße, wendet sich hier nach links und erreicht im Ortsmittelpunkt bei einer Tankstelle die Straße Florenz–Figline Val d'Arno (2 Std.).

Auf dieser Straße (Via Fiorentina) geht man nach rechts (Richtung Florenz), biegt nach ca. 100 m, gegenüber vom Haus Nr. 24, nach links in einen Fahrweg. Gleich darauf auf einer Brücke über einen Bach. Aufwärts zu einem oberhalb sichtbaren gelben Haus. (Bei zwei Gabelungen nimmt man jeweils den rechten, ansteigenden Weg.) An dem gelben Haus vorbei, weiter aufwärts. Bei einer Abzweigung wenige Minuten nach dem Anwesen bleibt man auf dem rechts aufwärts führenden Hauptweg, der unmittelbar danach eine scharfe Rechtskurve beschreibt und auf ein Tor zuführt. Man geht, wenn das Tor geschlossen ist, rechts an diesem vorbei (Weg ist für Fahrzeuge gesperrt), bleibt weiter auf dem Fahrweg. Der Weg führt leicht ansteigend durch den Wald.

Etwa 20 Min. nach dem großen Bauernhaus biegt der Fahrweg scharf nach links aufwärts; man geht hier auf einem etwas kleineren, leicht ansteigenden Weg geradeaus. (Nicht der rot-weißen Markierung folgen, die nach links weist!) Eine Rechtskurve, und bald darauf wird im Tal San Polo sichtbar. Etwa 100 m weiter, bei der Abzweigung eines nach links leicht aufwärts führenden Weges, verläßt man den Hauptweg (der auf ein Haus zuführt), folgt dem nach links führenden Weg. Man erreicht nach wenigen Metern eine kleine Kuppe mit einer Wegkreuzung (35 Min. ab San Polo). Hier blickt man weit über das Hügelland im Sü-

Chiócchio
286 m
1 Martino
287 m
Castel Mugnana
270 m

.45 Std. 4.15 Std.   4.40 Std.

14 km

den von Florenz. An der Kreuzung geht man nach links, auf dem Hügelkamm in südlicher Richtung aufwärts. Nach 50 m biegt man bei einer Abzweigung in einen schmalen Weg nach rechts.

Am Hang entlang (schöne Blicke auf das Chianti-Gebiet); man durchschreitet in großem Bogen ein kleines Tal, betritt einen Wald, überquert zwei Bäche. Etwa 10 Min. nach dem zweiten Bach eine Gabelung; man folgt dem Pfad halbrechts, weiter abwärts. Einige Minuten später erreicht man ein Sträßchen (1 Std. ab San Polo).

Auf dem Sträßchen nach rechts, rund 20minütiger Abstieg. Kurz nach einer scharfen Rechtskurve zweigt dann nach links ein steil ansteigender asphaltierter Weg ab, den man einschlägt. (Nicht zu verwechseln mit einem ebenfalls nach links ansteigenden Fahrweg etwa 300 m vor der richtigen Abzweigung. Dieser Fahrweg, ebenfalls in einer Rechtskurve, beginnt wenige Meter hinter der Einfahrt zu dem Anwesen Nr. 47 und führt zu einem Privatgrundstück.)

Auf dem Asphaltweg kurzer Anstieg zu einem umzäunten Anwesen. Hinter dem Anwesen biegt der Hauptweg nach links ab; hier geht man geradeaus weiter in einen Pfad zwischen Zäunen. Auf schönem, meist ebenem Weg etwa 15 Min. durch Macchia-Vegetation in südwestlicher Richtung bis zu einem breiteren Querweg; auf diesem nach links. Der Weg beschreibt nach einigen Minuten eine große Rechtskurve, steigt dann an und gabelt sich unmittelbar vor zwei Häusern. Man geht an der Gabelung links auf einen ansteigenden, steinigen Weg und erreicht gleich darauf das Kirchlein **San Martino** (1.45 Std. ab San Polo).

50 m vor der Kirche – kurz bevor der Fahrweg nach rechts abwärts biegt – wendet man sich nach links in einen schmalen, absteigenden Pfad, der auf einem kurzen Stück stark zugewachsen ist. Der Pfad führt in wenigen Minuten zu einem breiten Querweg; auf diesem geht man rechts. Nach 50 m biegt man vor der Zufahrt zu dem burgähnlichen Anwesen Sezzate in einen nach links abzweigenden, abwärts führenden Weg (rot-weiße Markierungen). Der Weg biegt gleich nach rechts, beschreibt dann eine Linkskurve. Anschließend wendet man sich bei einem Brunnen wieder nach rechts. In einem Olivenhain auf zum Teil undeutlichem Weg abwärts; man folgt den Markierungen bzw. orientiert sich an der Burg Castel Mugnana, die auf der anderen Talseite als nächstes Ziel sichtbar wird. Abstieg ins Tal des Flüßchens Sezzate. Man läßt zwei alte Häuser links liegen, folgt dem Weg zu einem Flußübergang, steigt auf der anderen Seite am Rand eines Wäldchens an. Nach etwa 5 Min. Anstieg biegt man in einen kleineren, abwärts führenden Weg nach links, überquert auf ihm nach 50 m einen Bach, steigt dann an zu einer Weggabelung. Hier nach rechts, weiter aufwärts (nicht der Markierung nach links folgen). Anstieg zur Burg **Castel Mugnana** (2.15 Std. ab San Polo). Man gelangt vor einem Schuppen (Haus-Nr. 106/A) zu einem Querweg, geht rechts, erreicht nach 50 m eine Asphaltstraße, biegt wieder nach rechts. Man folgt der Asphaltstraße für etwa 250 m, biegt dann hinter einer Rechtskurve nach links in ein steil ansteigendes Sträßchen (Via Mugnana). Auf diesem geht man geradeaus bis **Chiócchio** (2.40 Std. ab San Polo, 4.40 Std. ab San Donato).

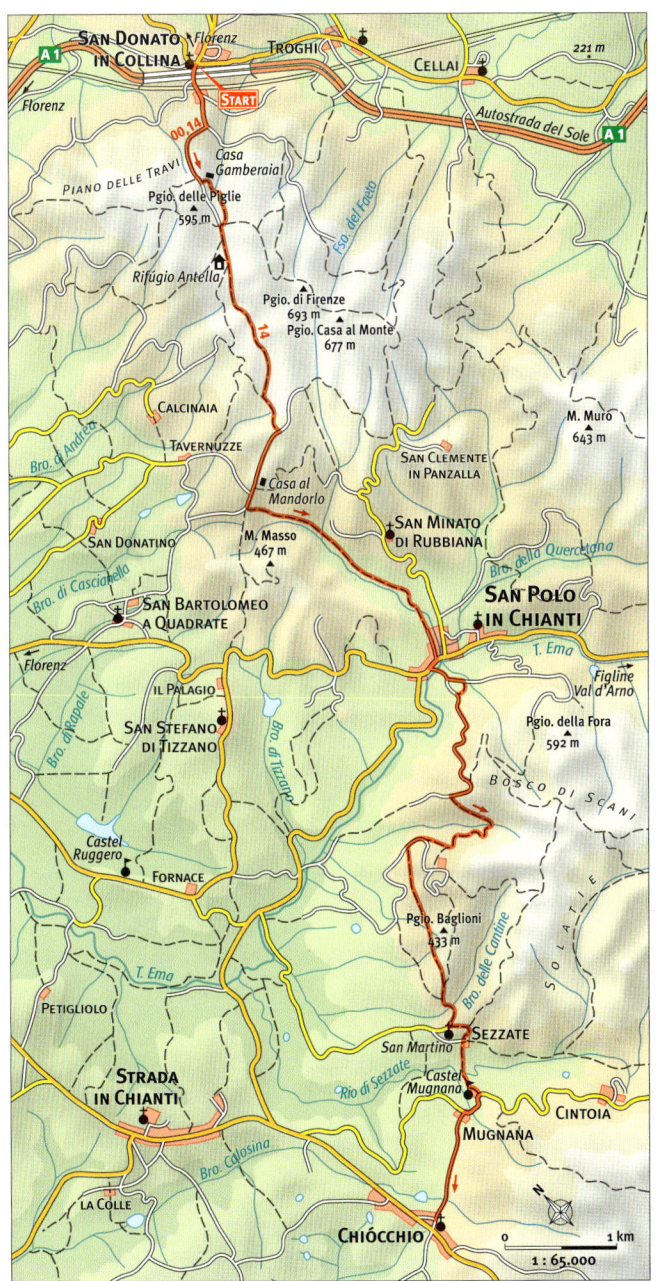

Tour 8

Burgen und Berge des Chianti

Von Passo dei Pecorai nach Greve in Chianti

Die Wanderung führt in abwechslungsreichem Auf und Ab durch Wälder, Weinberge und Felder. Lange Strecken verlaufen mit weiter Aussicht über das Land auf dem Kamm der Hügelrücken. Man passiert burgartige Weingüter, charakteristische Bauernhöfe und verlassene Anwesen. Endpunkt ist der lebendige Marktflecken Greve im Herzen des Chianti-Gebiets.

DIE WANDERUNG IN KÜRZE

++
Anspruch

3 Std.
Gehzeit

11 km
Länge

Charakter: Mittelschwer; Feld- und Waldwege sowie breitere Fahrwege

Markierung: Rote Punkte

Wanderkarte: Kompaß Nr. 660 Firenze – Chianti (1 : 50 000)

Einkehrmöglichkeiten: Restaurants in Passo dei Pecorai und Greve in Chianti

Anfahrt: Von **Florenz** mit dem **Pkw** über Impruneta, Fahrtstrecke 25 km. Mit dem **Bus** Verbindungen nach Passo dei Pecorai werktags 12.15, 13.35, 14.15 Uhr, Mo–Fr auch 8.30 Uhr, So u. Fei 8.20, 14.35 Uhr, Fahrzeit 50 Min. **Rückfahrt** Greve – Passo dei Pecorai: werktags 13.10, 17.15 Uhr, Mo–Fr auch 15.30 u. 18 Uhr, Sa auch 15 Uhr, So u. Fei 14.30, 17.55 Uhr, Fahrzeit 15 Min. **Rückfahrt nach Florenz:** Von Greve stündlich Busverbindungen, letzter Bus Sa 18.25 Uhr, Mo–Fr, So u. Fei 18.55 Uhr, Fahrzeit 1 Std.

In **Passo dei Pecorai** nimmt man schräg gegenüber vom Hotel Omero, rechts neben dem gelben Haus Nr. 31, einen Fahrweg in südwestlicher Richtung. Nach 150 m überquert der Fahrweg einen Fluß (hier nicht nach links abbiegen, Markierungen können irreführen!). 100 m weiter geht man an einem Haus (Casa Nuova) vorbei. Hinter dem Haus

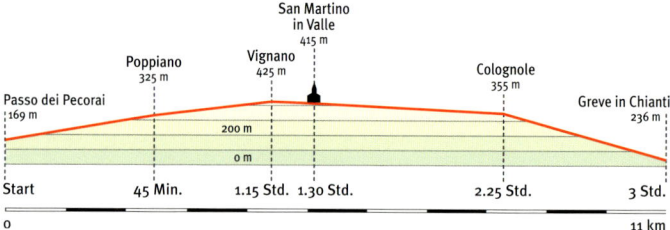

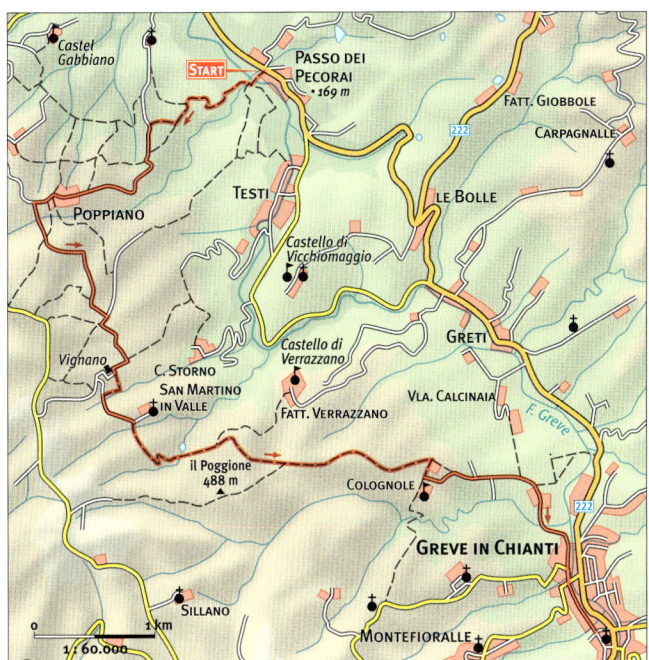

biegt der Fahrweg nach rechts ab. Man geht in dieser Kurve geradeaus weiter auf einen grasbewachsenen ansteigenden Weg.

Man steigt zunächst am Waldrand, dann durch Wald an, erreicht bei einem weiteren Haus eine Gabelung (20 Min.). Links gehen, weiter aufwärts. Gleich darauf rechts an einem weiteren Anwesen vorbei, auf schmalem Fahrweg bergauf. Etwa 200 m hinter dem Anwesen biegt man in einen nach rechts abzweigenden ebenen Weg zwischen Olivenbäumen, erreicht dann einen breiteren Fahrweg. Hier geht man nach links. 5 Min. später – kurz hinter der Auffahrt zu dem Bauernhaus Nr. 18 – hält man sich bei einer Gabelung wieder links, dann bei einer weiteren Gabelung rechts, immer auf dem Hauptweg bleibend. Man

steigt an bis zu der Häusergruppe **Poppiano** (45 Min.).

100 m nach dem letzten Haus biegt man auf einen breiten Weg nach links und erreicht nach 20 Min. bei einem Marienaltar einen Querweg. Man geht rechts, folgt dem Weg mit schöner Aussicht bis zum Anwesen **Vignano** (1.15 Std.). 100 m vor der Villa biegt man nach links in einen abwärts führenden Weg (Wegweiser »Valle«). Dieser stößt oberhalb eines Bauernhauses auf einen Querweg, man steigt nach rechts an bis zu einer Wegkreuzung. Hier nach links und in wenigen Minuten zur verfallenen Kapelle **San Martino in Valle** (1.30 Std.).

100 m vor der Kapelle nimmt man einen nach rechts abwärts führenden Weg und gelangt zu einem verlassenen Haus. Von hier abwärts zu

Bei Greve in Chianti

einer Gruppe von ebenfalls verlassenen Häusern (1.40 Std.). 200 m hinter diesen nimmt man an einer Gabelung den Weg, welcher nach rechts aufwärts in den Wald führt. Eine Viertelstunde geht es im Wald auf diesem Weg bergan. Man gelangt unterhalb einer Hausruine zu einer Kreuzung (2 Std.), geht geradeaus weiter (Weinreben rechter Hand), kurz darauf an einer Gabelung nach rechts, betritt wiederum den Wald. Auf diesem Weg bis zu einer Wegkreuzung (knapp 2.30 Std., rechts ein Tabernakel), man biegt nach rechts, erreicht die Burg **Colognole.** Von hier auf einem Fahrweg Abstieg zum im Tal sichtbaren **Greve** (gut 3 Std.).

Castello di Verrazzano

Um 1600 erbauter burgartiger Herrensitz. Aus Verrazzano stammte der Seefahrer Giovanni da Verrazzano (geb. 1485), welcher die Ostküste Nordamerikas im Auftrag des französischen Königs François I. erforschte. Nach ihm ist die Verrazzano Narrow Bridge in New York benannt.

Greve in Chianti

Lebendiger Ort im Zentrum des Chianti-Gebiets. Besonders reizvoll ist die von Laubengängen gesäumte Piazza Matteotti mit einem Denkmal des Giovanni da Verrazzano.

Im Herzen der Chianti-Region

Von Greve nach Panzano

In dem mittelalterlichen Ort Panzano ließen sich die ersten ausländischen Chianti-Neubürger nieder: ehemalige britische Kolonialbeamte, die nicht wieder in den heimatlichen Nebel zurückwollten. Man kann ihre Wahl verstehen. Um Panzano bieten sich einige der schönsten Landschaftsbilder der Region. Die rebenbestandenen Hügel, die Ölbaumhaine, Felder und Gehöfte wirken wie ›Toscana pur‹

DIE WANDERUNG IN KÜRZE

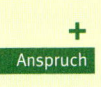

+
Anspruch

2 Std.
Gehzeit

7 km
Länge

Charakter: Einfach, Pfade, Feld-und Fahrwege, 20 Min. auf kaum befahrenen Asphaltsträßchen. Zwischen Greve und Panzano rund 300 m Anstieg.

Markierung: Rote Punkte

Wanderkarten: Multigraphic Nr. 42/43 Monti del Chianti (1:25 000); Kompaß Nr. 660 Firenze–Chianti (1:50 000)

Einkehrmöglichkeiten: Restaurants in Greve und in Panzano

Anfahrt: Mit dem Pkw: Von Florenz über Impruneta oder Strada in Chianti (30 km). **Busverbindungen** Florenz–Greve Mo–Fr etwa stündlich, Sa 11, 12.15, 13.05 Uhr, So u. Fei 8.20, 10.50, 12.05 Uhr, Fahrzeit 1 Std. **Rückfahrt** Panzano–Greve werktags 13, 17 Uhr, Mo–Fr auch 14.20, 15.20, 15.50, 18.38, 20 Uhr, Sa auch 14.50, 18.15 Uhr, So u. Fei 14.20, 17.45, 18.45 Uhr, Fahrzeit 10 Min.
Rückfahrt nach Florenz: s. oben, Panzano – Greve: Mit Ausnahme des Busses um 20 Uhr fahren alle genannten Busse weiter nach Florenz.

Ausgangspunkt ist der Marktplatz von **Greve in Chianti.** Man nimmt die an der Nordwestecke des Platzes beim Albergo del Chianti wegführende Via delle Conce, dann die Via Sagrona. Bei einem Abzweig nach links (Via Maestro da Greve) bleibt man auf dem Sträßchen geradeaus, das gleich darauf am Ortsrand in einen Feldweg übergeht. Man steigt an, trifft nach gut 5 Min. auf einen Querweg, folgt ihm nach rechts. Bei zwei aufeinanderfolgenden Kreuzungen geradeaus gehen, weiter bergan. Rechts wird das mittelalterliche Dorf Montefioralle sichtbar. Man passiert ein Grundstück (Ferienhaus) linker Hand (20 Min.). Bei der Gabelung 100 m weiter wendet man sich nach links, weiter ansteigend. Der Weg führt dann über einen offenen Höhenrücken mit schöner Sicht auf die Chianti-Hügel. Man passiert das Anwesen **Montegonzi** (30 Min.), biegt bei einer Kreuzung 200 m dahinter nach rechts.

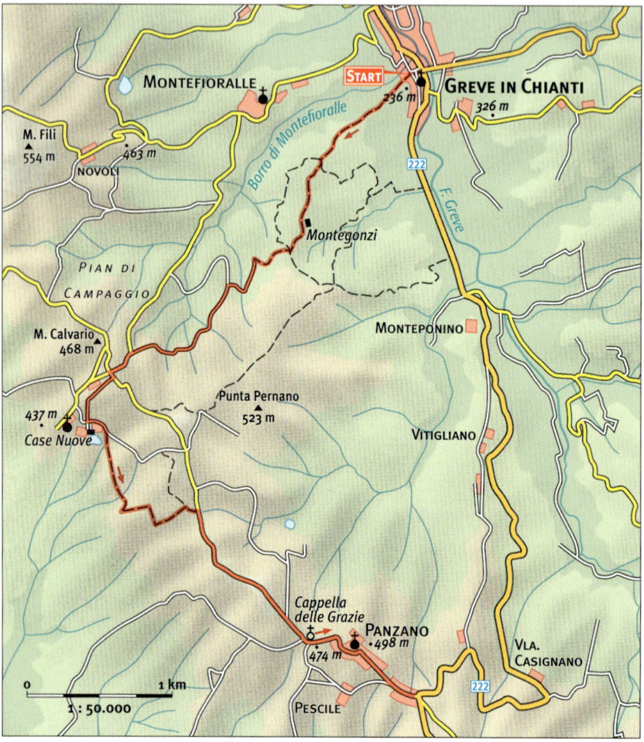

Der Weg führt abwärts, steigt dann wieder an zu einem restaurierten Bauernhaus (40 Min.). Man geht links am Gebäude vorbei bis zu einem Querweg. Auf diesem Fahrweg nach links, in südwestlicher Richtung aufwärts, vorbei an restaurierten Bauernhäusern. Auf der Höhe trifft man auf ein Sträßchen.

Man geht 20 m nach links, biegt dann von der Straße nach rechts in einen Feldweg, der in 5 Min. zum Anwesen **Case Nuove** führt (1.10 Std.). Vor diesem biegt man auf einen Weg nach links, passiert eine Gebetsnische. Der Weg beschreibt eine Rechtskurve. 30 m danach geht man bei einer Wegverzweigung halblinks (auf dem mittleren der drei Wege), am unteren Rand eines Weinfelds entlang. An dessen Ende wendet man sich nach links, steigt auf ei-

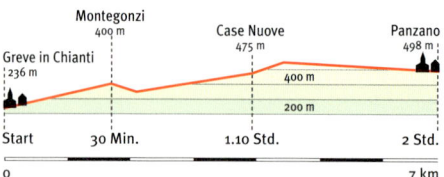

46

Blick auf Panzano

nem Pflasterweg kurz zu einem Gehöft an (1.20 Std.). Man geht an dem Haus vorbei, der Weg führt eben weiter. Bei einem Querweg nach 5 Min. geht man links aufwärts und gelangt erneut zu dem Sträßchen, das man zuvor gekreuzt hatte (1.30 Std.). Man biegt nach rechts und wandert mit schönen Blicken in gut 15 Min. in das schöngelegene **Panzano** mit Resten einer mittelalterlichen Burg, die einst als florentinische Grenzfeste gegen Siena diente. Am Ortsrand geht man links aufwärts zur Burg und weiter bis zur Kirche. Vor der Kirche nach rechts, durch den Ort bis zur **Straße Greve–Siena** (2 Std.; Bushaltestelle).

Tour 10

Ginster, Wald und Wein

Von Castellina in Chianti nach Lucarelli

Der erste Teil der Wanderung verläuft auf einem Panoramaweg mit weiten Blicken über das toscanische Hügelland. Später gelangt man in Wald, steigt in einem Tal abwärts, vorbei an einsamen Gehöften, erreicht schließlich das Dörfchen Lucarelli unterhalb ausgedehnter Weinberge. Abwechslungsreiche Landschaften und schöne Aussichten.

DIE WANDERUNG IN KÜRZE

+
Anspruch

1.45 Std.
Gehzeit

8 km
Länge

Charakter: Leicht; Fahr- und Waldwege, Pfade. Der Abstieg nach Lucarelli verläuft streckenweise auf einem steinigen Waldpfad.

Markierung: Rote Punkte

Wanderkarten: Multigraphic Nr. 42/43 Monti del Chianti (1:25000); Kompaß Nr. 660 Firenze–Chianti (1:50000)

Einkehrmöglichkeiten: Restaurants in Castellina. Bar und Lebensmittelgeschäft auch in Lucarelli (Fr Ruhetag)

Anfahrt: Mit dem Bus: Von Siena aus: Siena–Castellina 7.30, 11, 12.50, 13.50 Uhr, Fahrzeit 40 Min.; Lucarelli–Siena 15.20, 18.25 Uhr, Fahrzeit 1.10 Std. Alle Busse fahren nur werktags. **Achtung:** Busse ab Lucarelli fahren manchmal bis 10 Min. vor der fahrplanmäßigen Abfahrtszeit! **Mit dem Pkw:** Von Siena auf der 222 Richtung Florenz (20 km). **Rückfahrt** Lucarelli–Castellina 15.20, 18.25 Uhr (nur werktags), Fahrzeit 30 Min.

Man verläßt **Castellina** auf der Straße in Richtung Florenz. Am Ortsausgang zweigt in einer Rechtskurve der Straße nach links ein Fahrweg ab (Wegweiser: »Tombe Etrusche«);

der **Abstecher** (10 Min. hin und zurück) zum Etruskergrab Monte Calvario ist empfehlenswert. Danach passiert man das Hotel Colombaio. Vom Parkplatz des Hotels – gegen-

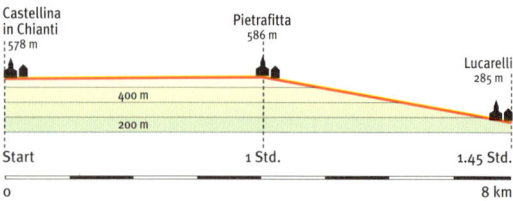

Castellina in Chianti
578 m

Pietrafitta
586 m

Lucarelli
285 m

400 m

200 m

Start · 1 Std. · 1.45 Std.

0 · 8 km

über der Toreinfahrt – nimmt man einen Pfad, der am Rand einer Wiese zur Straße hinabführt. Auf der Straße nach links. Nach einigen Minuten überquert man eine Brücke (ein Schild weist auf die Quellen des Arbia hin) und biegt kurz darauf beim Kilometerstein 42,2 in einen nach links ansteigenden Weg. Man steigt 5 Min. an, biegt dann – in einer Rechtskurve des Weges – nach links, trifft nach 20 m wieder auf einen breiteren Weg, geht nach rechts (in nördlicher Richtung). Auf diesem Weg an einigen Häusern vorbei, bei zwei Abzweigungen jeweils geradeaus gehen.

Man gelangt schließlich unterhalb des Ortes Pietrafitta zur Straße Siena – Florenz, überquert sie, steigt durch eine Zypressenallee nach **Pietrafitta** auf (55 Min.). Links an der

Schafherden gehören zum Landschaftsbild der Toscana

Kirche des Ortes vorbei, dem Weg weiter nach Nordosten folgen. Etwa 10 Min. nach dem Ort biegt man – in einer Rechtskurve des Weges – in einen kleineren, geradeaus weiterführenden Weg, steigt auf diesem gut 5 Min. abwärts, bis rechter Hand ein Haus auftaucht (1.10 Std.). Man wendet sich hier in einen Weg nach rechts, geht links an dem Haus vorbei. Etwa 100 m hinter dem Haus biegt man in einen Waldweg nach rechts abwärts.

Man folgt diesem Weg – zum Teil in Kurven – ins Tal, gelangt oberhalb einer Wiese schließlich zu einem Querweg, wendet sich auf diesem nach links und geht auf das in 150 m Entfernung sichtbare Anwesen Scopo zu. Man passiert dieses Haus. Auf einem Fahrweg geht es weiter ins Tal, bis zu einem Querweg bei einer Brücke. Man wandert geradeaus weiter, bleibt – ein kurzes Stück querfeldein gehend – auf der linken Seite des Baches, behält zwischen Bach und einer Weinpflanzung die gleiche Richtung wie bisher bei.

Nach 200 m wendet man sich – am Rand der Weinpflanzung bleibend – nach links, geht parallel zum Fluß Pesa. Wenige Minuten später überquert man ihn, sich nach rechts wendend, auf einer Brücke, steigt dann auf einer Treppe an bis zur Straße, die man am Ortsrand von **Lucarelli** erreicht. Links geht es in den Ort und zur Bushaltestelle (1.45 Std.).

Castellina in Chianti

Einer der wichtigsten Orte des Chianti-Gebiets, in schöner Lage über den Tälern der Flüsse Arbia, Elsa und Pesa. Das Ortszentrum des 15./16. Jh. ist zum Teil noch erhalten; die Burg (heute Rathaus) aus dem 14./15. Jh. wurde 1927 restauriert.

Etruskergrab Monte Calvario

Der große Grabhügel mit mehreren Grabkammern wurde vermutlich im 7. Jh. v. Chr. angelegt, wahrscheinlich für eine Aristokratenfamilie. Die Gräber wurden seit 1902 erforscht; sie enthielten verschiedene Grabbeigaben, welche sich heute im Archäologischen Museum Florenz befinden. Die vier Grabkammern sind fast genau nach den Himmelsrichtungen orientiert. Süd- und Westgrab weisen einen *Dromos* (Gang), ein längliches *Vestibulum* (Vorhalle), zwei Seitenkammern und einen Hauptraum auf. Im Nordgrab fehlen – bei ähnlichem Grundriß – die Seitenkammern, in dem (stark restaurierten) Ostgrab der Hauptraum.

Im Reich des ›Gallo Nero‹

Bei Gaiole in Chianti

schlechte Beschreibung

Dieser Rundweg bei Gaiole, einem der Orte des ›klassischen‹ Chianti-Gebiets, führt vorbei an Weinbergen und Wäldern zur romanischen Abteikirche Badia a Coltibuono. Man genießt von dort schöne Blicke auf das Arno-Tal und die Berge des Pratomagno, wandert durch Wald und Ginstergebüsch auf angenehmem Weg zurück zum Ausgangspunkt

DIE WANDERUNG IN KÜRZE

++ Anspruch	**Charakter:** Aufgrund des längeren Anstiegs im ersten Teil mittelschwere Wanderung auf Fahrwegen, Waldwegen, Pfaden, gut 30 Min. Asphalt	(Mo Ruhetag) **Anfahrt: Busse** ab Siena werktags 7.05, 12.50 Uhr; Rückfahrt ab Gaiole 14, 15.05, Mo–Fr auch 17.40 Uhr; Fahrzeit 50 Min. **Mit dem Pkw:** Von Siena auf der N 408 25 km nach Nordosten.
2.30 Std. Gehzeit	**Wanderkarte:** Multigraphic Nr. 42/43 Monti del Chianti (1 : 25 000)	
10 km Länge	**Einkehrmöglichkeiten:** Restaurants in Gaiole und bei der Badia a Coltibuono	

Von der Piazza in **Gaiole** (Bushaltestelle) geht man 150 m in nördlicher Richtung, biegt dann nach rechts in die Via Baccio Bandinelli da Gaiole. Bei einer Gabelung geht man nach links (Wegweiser: »Riecine«, »Gittori«); kurz danach endet die Asphaltierung. Auf einem Fahrweg weiter, zunächst durch Eichenwald, dann durch Weinberge. Bei einer Gabelung (nach rechts Wegweiser: »Gittori«) hält man sich links. Immer auf dem Fahrweg weiter. Nach 25 Min. Abzweigung nach Riecine (Wegweiser); hier weiter geradeaus. Man gelangt zur Straße Gaiole – Montevarchi (55 Min.), geht auf ihr nach rechts. Bei einer Abzweigung kurz darauf nach links und gleich wieder

nach rechts (Wegweiser: »Badia a Coltibuono«). Auf der Asphaltstraße erreicht man die vielfach restaurierte romanische **Abteikirche** mit einem schönen Glockenturm des 12./13. Jh.(1.10 Std.).

Vor dem neben der Kirche liegenden Restaurant geht man nach links, aufwärts an dem Lokal vorbei (rotweiße Markierungen). Nach 100 m bei einer Gabelung nach links, auf schönem Waldweg aufwärts. Man kommt zu einem breiteren Forstweg, geht (abweichend von der Markierung) geradeaus, gelangt nach wenigen Minuten zur Straße nach Radda (1.25 Std.). Auf der Straße nach rechts, 10 Min. bis zu einem Platz linker Hand, von dem drei Waldwege

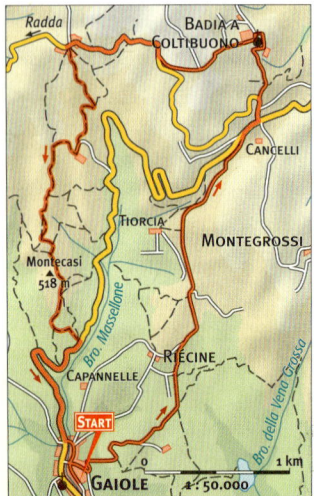

teren Rand des Weinbergs nimmt man einen breiten Weg, der zwischen Ginster und kleinen Eichen steil in Richtung **Gaiole** absteigt. Man gelangt zur Straße, geht nach rechts und kommt zurück zum Ausgangspunkt (2.35 Std.).

Chianti-Wein

Chianti – wohl kein anderer Landschaftsname ist so vom Gedanken an den Wein geprägt. Chianti – das ist Rotwein in bauchigen Flaschen. Jahrzehntelang wurde um den Schutz des Markenzeichens »Chianti« gekämpft. 1924 schlossen sich die Gemeinden der Chianti-Region zum *Consorzio del Gallo Nero* (»Vereinigung des schwarzen Hahns«) zusammen. Ein schwarzer Hahn auf goldenem Grund kennzeichnet noch heute »Chianti classico«. Aber die Herkunftsbezeichnung gibt nur eine begrenzte Qualitätsgarantie. Daher sind einige der bedeutendsten Kellereien des Gebiets aus dem Konsortium ausgetreten.

abgehen. Man nimmt den mittleren Weg. Er steigt für 50 m leicht an und verläuft dann knapp 10 Min. eben. Schließlich senkt er sich in Kurven nach links. Es folgt ein kurzes ebenes Stück. An seinem Ende bei einer Gabelung nach rechts, leichter Anstieg zu einer Hügelkuppe, von der man auf das Tal von Gaiole blickt. Ein zehnminütiger Abstieg im Eichenwald führt dann zu einem breiteren Querweg (2 Std.); auf diesem nach links. Nach wenigen Minuten geht man bei einer Wegverzweigung geradeaus (der andere Weg führt nach 30 m zum Rand eines Weinbergs oberhalb eines verlassenen Hauses). Auf dem Weg an einem Weinberg entlang abwärts. Am un-

Ein Chianti setzt sich aus mehreren Traubensorten zusammen. Der Weißwein-Anteil, der einst bei 10% lag, wurde drastisch reduziert. Die Tendenz geht hin zu alterungsfähigen, kräftigen Weinen. Seit sich in den 80er Jahren dieser Trend durchsetzte, keltern die Chianti-Winzer mehr und mehr gehaltvolle, nuancierte Spitzenweine.

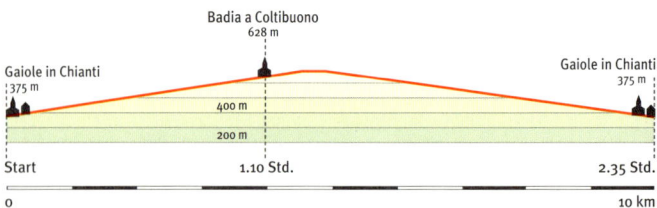

Die Umgebung Sienas

Von Castellina in Chianti nach Siena

Eine lange Wanderung durch abwechslungsreiche toscanische Landschaft. Der Weg führt streckenweise durch Wald, meist aber durch offene, weite Landschaft mit schönen Ausblicken auf Villen, Bauernhöfe und kleine Dörfer. Man passiert den Weiler Trégole, das Dorf Fonterutoli und das Kastell von Basciano. Die Wanderung endet am Stadtrand von Siena.

DIE WANDERUNG IN KÜRZE

++
Anspruch

5 Std.
Gehzeit

21 km
Länge

Charakter: Einfache, aber wegen der langen Dauer anstrengende Wanderung, vor allem bei Hitze: Weite Strecken sind schattenlos! Fahrwege, gelegentlich schmalere Pfade, 45 Min. auf Asphaltstraßen mit wenig Verkehr

Markierung: Rote Punkte

Wanderkarte: Kompaß Nr. 661 Siena–Chianti und Nr. 660 Firenze–Chianti (1:50 000)

Einkehrmöglichkeiten: Bar/Restaurant/Lebensmittelgeschäft in Fonterutoli (Di geschlossen). Trinkwasser in Fonterutoli, Basciano, Vignaglia

Anfahrt: Busse Siena – Castellina 7.30, 11, 12.50, 13.50 Uhr, Fahrzeit 40 Min. Alle Busse halten auch in Fonterutoli (Fahrzeit 30 Min.). Sämtliche Busse fahren nur werktags. **Fahrkarten** für den Stadtbus Siena (Rückfahrt ins Stadtzentrum am Schluß der Wanderung) kauft man am besten bereits vor der Tour in Siena (*biglietto urbano,* erhältlich in Tabacchi-Geschäften).

Man verläßt **Castellina in Chianti** auf der Straße in Richtung Siena. Kurz vor einem auffälligen großen Gebäude rechter Hand biegt man nach rechts ab in die Straße nach Castellina Scalo (Wegweiser). Man geht auf dieser Straße mit schönen Ausblicken für knapp 20 Min., biegt dann in einer Rechtskurve der Straße nach links in einen ansteigenden Fahrweg (Wegweiser »Casamonti«). Kurz darauf folgt ein Schild »Durchgang verboten«; dieses Schild bezieht sich nicht auf den Wanderweg, der das entsprechende Privatgrundstück nicht passiert.

Am Ende des Anstiegs, nach ca. 5 Min., zweigt man nach links auf einen schmaleren Waldweg ab. Dieser verengt sich nach weiteren 5 Min. und führt dann in einem langgezogenen Linksbogen im Wald aufwärts. Man gelangt schließlich zu einem Weinfeld, geht an dessen rechten Rand entlang zur Straße Castellina–Siena, die man beim Kilometer-Schild 46 erreicht (45 Min.). Man biegt nach rechts, bleibt für ca. 600 m auf der Straße Richtung Siena, bis zu einer Rechtskurve, wo drei Wege nach links abzweigen. Man nimmt den ansteigenden Weg ganz rechts, der bald links an einem Zypressenhügel vorbeiführt und sich am Waldrand entlang zu einem nicht asphaltierten Sträßchen senkt. Auf diesem nach links ansteigend, gelangt man zum Weiler **Tregole** (1.10 Std.).

Beim ersten Haus des Dorfes (Nr. 83/84) biegt man nach rechts auf einen schmalen, zwischen Buschwerk verlaufenden Weg, der nach 3 Min. an einem Marienaltar vorbeiführt. Bei einem breiteren Querweg, etwa 10 Min. ab Tregole, geht man nach rechts aufwärts, wendet sich nach 100 m nach links auf eine Wiese (Fahrspur), an deren oberen Ende sich ein kleiner Reitplatz befindet. Man folgt dem Weg im Zypressenwald nach rechts und gelangt zu einem breiten Fahrweg. Auf diesem geht man 100 m nach links, zweigt dann scharf nach rechts auf einen schmaleren Weg ab und erreicht in 5 Min. das Dorf **Fonterutoli** (1.30 Std.).

Man kreuzt die Straße Castellina–Siena, geht an der Osteria vorbei in den kleinen Ort hinein und biegt nach rund 50 m, hinter dem Haus Nr. 34, nach rechts abwärts in einen gepflasterten Weg. Nach 2 Min. erreicht man einen breiten Weg, geht leicht ansteigend geradeaus weiter. Bei mehreren Abzweigungen bleibt man

auf dem Hauptweg. Bei klarer Sicht blickt man – etwa 5 Min. nach dem Dorf – nach links auf die Türme von Siena und den Vulkanberg Monte Amiata in der Südtoscana. Man erreicht eine Gabelung (10 Min. ab Fonterutoli), geht links abwärts (Wegweiser: »Cogno/Cagio/Caggiolo). Bei der nächsten Gabelung geht man geradeaus (Wegweiser: »Cogno«). **Achtung:** An dieser Stelle weisen rote Markierungen in beide Richtungen!

Es folgt ein Abstieg im Eichenwald. Nach weiteren 10 Min. weist ein Wegweiser »Cogno« nach links; hier hält man sich geradeaus. Bei einem Bauernhaus (Casina) kommt man in offenes Gelände mit weiter Aussicht über das Hügelland, passiert wenig später ein Zypressenrondell, erreicht das Anwesen **Campalli** (2.10 Std.). Keine Angst vor den bellenden Hunden oben auf der Mauer, sie springen nicht runter! Man umrundet die ummauerte Häusergruppe (bei einer Gabelung vor einer Kapelle links gehen), geht dann auf dem Zufahrtsweg zu dem Anwesen nach rechts abwärts. Knapp 5 Min. ab Campalli biegt der Weg hinter sechs großen Zypressen nach links ab (rechter Hand hier ein kleiner Teich). Man verläßt hier den Hauptweg, geht geradeaus abwärts auf einer Fahrspur zwischen einem Weinfeld und einem Zypressenwäldchen. (Bei aufgeweichtem Boden bleibt man allerdings besser auf dem Hauptweg, folgt ihm abwärts bis zu einer nicht-

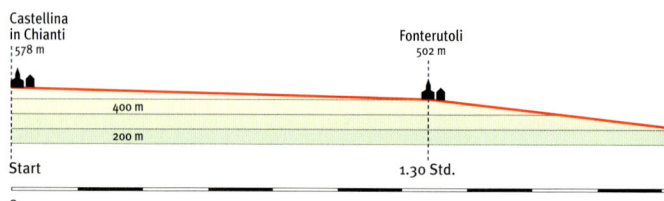

Castellina in Chianti
578 m

Fonterutoli
502 m

400 m

200 m

Start

1.30 Std.

0

asphaltierten Querstraße, wandert auf dieser nach links und gelangt zur Kreuzung Quattrostrade, s. unten). Man steigt ab zu einem Weg, der unterhalb am Rand eines anderen Weinfelds auftaucht, geht weiter in gleicher Richtung bis zu einer nicht-asphaltierten Straße. Man folgt ihr für etwa 400 m nach links bis zu einer Straßenkreuzung bei einem Bauernhaus (**Quattrostrade,** gut 2.30 Std.). In Gehrichtung weist ein Schild nach Siena, nach links ein weiteres Schild nach San Leonino.

Man geht geradeaus. 150 m weiter biegt man nach rechts in einen Weg, der auf eine neuere Villa zuführt. Vor der Villa biegt man nach links, geht zwischen Weinbergen, den Ort Quercegrossa vor Augen. Der Weg führt nach rechts, steigt leicht an. Schöne Blicke auf die weite Landschaft mit Bauernhäusern zwischen Zypressengruppen, Weinbergen, Feldern, bewaldeten Hügeln. Man bleibt immer auf dem Hauptweg, geht in südlicher Richtung, gelangt zu einem Fahrweg. Auf diesem geradeaus weiter bis zu der Häusergruppe **Gardina** (3 Std.). Weiter geradeaus.

Bald hinter Gardina hält man sich bei einer Gabelung links. Man passiert nacheinander zwei restaurierte Bauernhäuser. Der Weg senkt sich, erreicht im Tal die Häusergruppe **La Staggia** (3.25 Std.). Links an den Häusern vorbei, 50 m auf einem Fahrweg aufwärts. Unmittelbar hin-

In der Nähe von Castellina in Chianti

ter dem letzten Wohngebäude biegt man in einen nach rechts abzweigenden Weg, geht auf diesem in Richtung auf das – in der Höhe sichtbare – Kastell von Basciano. Man überquert nach wenigen Minuten einen Bach. Der Weg steigt dann an und erreicht eine Asphaltstraße, auf der man nach rechts abbiegt.

Gleich darauf stößt man am Ortsrand von **Basciano** (3.50 Std.) auf eine Gabelung: Man geht links aufwärts, gelangt zu einer Kreuzung im Ort, geht nach links und nach 30 m unter vier Zypressen wieder nach links in einen absteigenden Weg. Man folgt ihm immer geradeaus, erst an einer Mauer entlang, dann durch Wald, und erreicht nach 3 Min. einen breiteren Weg bei einem Brunnen. In

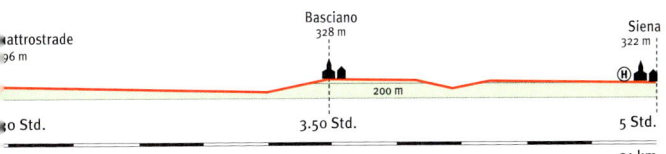

Tour 12

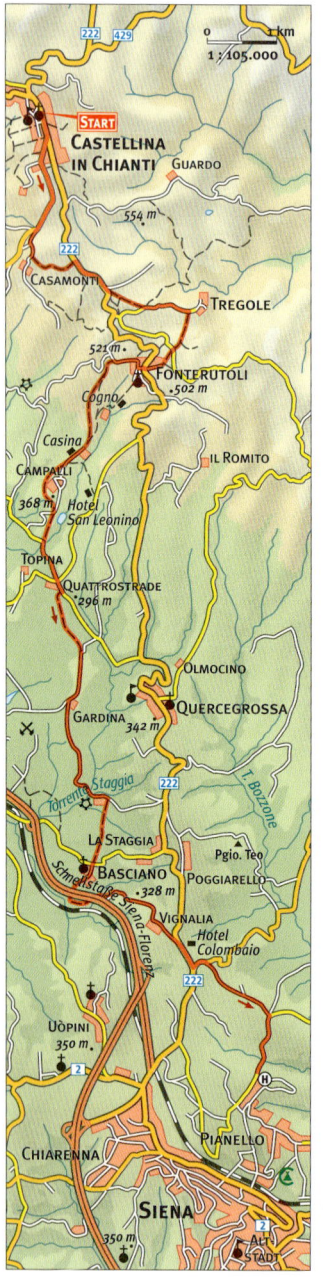

gleicher Richtung weiter abwärts. Wenig später geht man in einer Unterführung unter der Schnellstraße Florenz–Siena hindurch. Der Weg wendet sich nach weiteren 100 m nach links, führt zu einer weiteren Unterführung (unter der Bahnlinie). Man geht nicht durch diese Unterführung, sondern geradeaus weiter, an einem Bauernhaus vorbei aufwärts. Sobald man die Höhe der Bahnlinie erreicht, biegt der Weg nach links. Noch einmal unter der Schnellstraße hindurch. Anstieg in einem Wäldchen, man gelangt zum Weiler **Vignaglia** (4.25 Std.).

Im Ort geht man auf einem Asphaltsträßchen nach links und erreicht bald darauf die Straße Florenz–Siena (Bushaltestelle der Linie Castellina–Siena), wendet sich auf ihr nach rechts. Einige hundert Meter auf der Hauptstraße, dann nach links in die Straße nach Vagliagli (Wegweiser); bald darauf nach rechts in einen Fahrweg Richtung Villa Benita und Il Castagno (Wegweiser). Nach links schöne Blicke auf Felder, Weinberge, Wald, Hügelland; rechts tauchen bald hinter häßlichen Neubauten Turm und Kuppel des Doms von Siena auf.

Man bleibt 15 Min. auf dem Weg bis zu einer Kreuzung; hier wendet man sich nach rechts (Via E. Berlinguer). Kurz darauf folgt ein Ortsschild von **Siena**. Man gelangt zu einigen Neubauten (gut 5 Std.). Ab hier verkehren halbstündlich Busse in Richtung Stadtmitte. (Fahrkarten sind beim Zeitungshändler in der ersten nach rechts abzweigenden Straße, der Via A Grandi, erhältlich.)

Zur Stadt des Papstes

Von Montepulciano nach Pienza

Dieser Weg verbindet zwei reizvolle Kleinstädte der Südtoscana. Sie sind vor allem von Renaissance-Bauten geprägt; Pienza sollte sich nach dem Wunsch der Papstes Pius II., der hier geboren wurde, sogar zu einer »Idealstadt« der Renaissance entwickeln. Die Wanderung führt durch ruhiges Hügelland; man genießt weite Blicke über Felder und Schafweiden bis zum Vulkanmassiv Monte Amiata.

DIE WANDERUNG IN KÜRZE

+ Anspruch	**Charakter:** Einfache Wanderung auf Feldwegen mit leichtem Auf und Ab.
3.15 Std. Gehzeit	**Markierung:** Rot-weiß im ersten Abschnitt
	Einkehrmöglichkeiten: Restaurants in Montepulciano und Pienza
11 km Länge	**Wanderkarte:** Multigraphic Val d'Orcia (1:25000)
	Anfahrt: Mit dem Bus: Von Montepulciano und Pienza täglich mehrere Verbindungen von und nach Siena (werktags sechs Verbindungen, Fahrzeit Siena – Pienza 1.20 Std., Siena – Montepulciano 1.40 Std.). Rückfahrt von Pienza nach Montepulciano: 13.50, 14.55 (an Schultagen), 15.25, 16.45, 18.55 Uhr. Alle Busse verkehren nur werktags!

Vom Domplatz in **Montepulciano** geht man in die Via Ricci (an der dem Dom gegenüberliegenden Seite). Man folgt ihr für wenige Minuten, biegt dann in die erste nach links abzweigende Straße. Abwärts zu einem Quersträßchen, dort rechts, gleich darauf wieder nach links und durch ein Stadttor weiter abwärts. Man gelangt zur großen Renaissance-Kirche **San Biagio** am Ortsrand. Die imposante Renaissance-kirche wurde zwischen 1518 und 1545 nach Plänen Plänen von Antonio Sangallo d.Ä. errichtet.

Direkt hinter der Kirche biegt man in eine nach rechts abzweigende Straße, umrundet den Bau, nimmt dann den zweiten nach links abzweigenden Weg (rot-weiß markiert). Bei einer Gabelung gleich darauf hält man sich links und folgt dem Weg für weitere 10 Min., bis er zwischen Häusern zu einem Querweg führt. Nach links biegen, leichter Anstieg bis zur **Straße Montepulciano-Pienza** (35 Min.). Auf der Straße geht es für 3–4 Min. nach rechts, dann schlägt man einen nach links abzweigenden breiten Weg ein (Wegweiser »Poggiano«). Nach einem zehnminütigen Anstieg hält man sich bei einer Abzweigung erneut links.

Tour 13

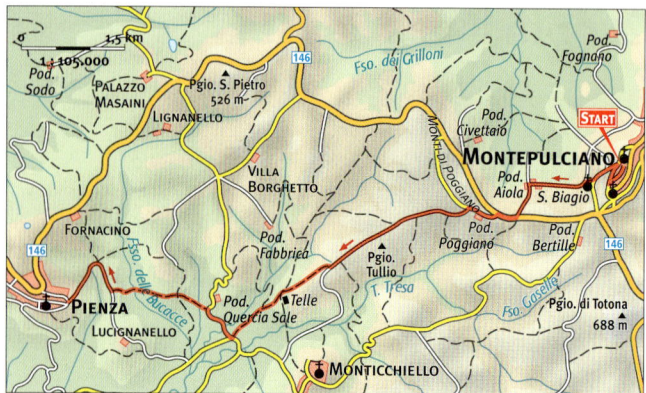

Man bleibt für rund 30 Min. auf diesem Weg. Dann biegt man bei einer Wegverzweigung – direkt vor einem Mast der Stromleitung – abweichend von den rot-weißen Markierungen nach rechts. Man folgt zunächst dem Verlauf der Elektrizitätsleitung. Bei der folgenden Abzweigung rund 5 Min. später wendet man sich in einen nach rechts hinabführenden schmalen Waldweg. Bei Wegverzweigungen bleibt man auf dem deutlich erkennbaren Hauptpfad. Nach gut 10 Min. geht es bei einer Kreuzung geradeaus, gleich darauf biegt der Weg scharf nach links und führt unterhalb des Anwesens **Telle** entlang (1.45 Std.).

Man geht auf dem vom Anwesen wegführenden Staubsträßchen ins Tal und gelangt in knapp 15 Min. zu einem breiten Querweg. Hier wendet man sich nach rechts. Nach gut 5 Min. biegt man in einen nach links abwärts führenden Weg. Bei der nächsten Abzweigung rechts halten. Der Weg steigt an, passiert ein Bauernhaus, trifft dahinter auf einen Querweg. Nach links, bei der nächsten Kreuzung geradeaus, unterhalb eines Gehöfts in westlicher Richtung. 5 Min. hinter der Kreuzung biegt der Weg steil ansteigend nach rechts. Man schlägt hier einen nach links abzweigenden Weg ein, etwa in gleicher Richtung wie bisher. Der Weg senkt sich zu einer Bachbrücke, steigt dann wieder an, führt auf der Höhe zu einem breiten Querweg. Nach rechts und aufwärts bis **Pienza** (3.15 Std.).

Montepulciano

Montepulciano hat zahlreiche schöne Renaissancebauten: die Kirche Sant'Agostino, den Dom, das Rathaus und viele Palazzi. Im Dom ist besonders das Gemälde der »Mari-

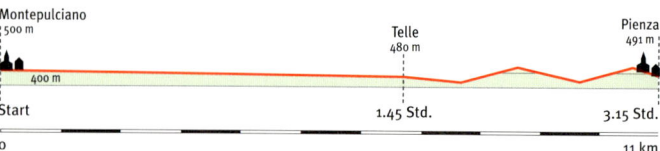

Die Landschaft Crete wirkt kahl und herb

enkrönung« von Taddeo di Bartolo (1401) bemerkenswert. Wegen der schönen Aussicht unbedingt empfehlenswert ist die Besteigung des Rathausturms (werktags 8-13.30 Uhr geöffnet). Montepulciano liegt im Zentrum des Weinbaugebiets des »Vino Nobile«.

Einsamkeit der Südtoscana – zwischen Siena und dem Bolsena-See

Die – im Vergleich zum Gebiet zwischen Florenz und Siena – unbekanntere und weniger besuchte Südtoscana bietet vielfältige Gelegenheiten zum Wandern. Die Landschaft zeigt sich hier nicht so lieblich und sanft wie im Chianti oder bei San Gimignano. Oft wirkt sie herb und imposant. Dabei ist sie ungewöhnlich abwechslungsreich. Südöstlich von Siena erstrecken sich die bizarren, vegetationsarmen Hügel der Crete; im Hintergrund wird das Landschaftsbild vom Vulkankegel des Monte Amiata beherrscht. Weiter westlich gehen die kahlen Hügel in das dunkle, großenteils bewaldete Mittelgebirge der Colline Metallifere über. Die Maremma zwischen dem Monte Amiata und der Küste ist ein Gebiet märchenhaft verwunschener Wege; im äußersten Süden bilden Etruskerschluchten mit ihren jahrtausendealten Gräbern im weichen Tuffgestein einen faszinierenden Anziehungspunkt.

All diese Gebiete sind durch Einsamkeit und Weite geprägt. Die Landschaft ist unzerstört. Nur selten trifft man auf größere Ansiedlungen. Ungewöhnlich gering ist die Bevölkerungsdichte: dreimal niedriger als im toscanischen Durchschnitt. Manchmal erscheinen Ruhe und Harmonie dieser Gegenden fast unwirklich.

Im Hügelmeer der Crete

Bei Pienza

Die Lehmhügel der Crete bieten ein ungewöhnliches Bild. Alle Klischees von der fruchtbaren Toscana lösen sich auf. Schafweiden und Kornfelder bedecken die weiten, leicht gewellten Hügel. Kaum ein Baum oder Strauch – nur vereinzelte Zypressenreihen und verstreute Gehöfte setzen Akzente. Es ist, als fehle dem Land das schützende Kleid der Vegetation, unverhüllt treten seine Formen zutage.

DIE WANDERUNG IN KÜRZE

+
Anspruch

Charakter: Leicht, allerdings nach starken Regenfällen nicht zu empfehlen – der Lehmboden wird dann unerträglich schlammig. Vorwiegend Feldwege, kurze Strecken aber auf Pfaden und querfeldein, 20 Min. auf Asphaltsträßchen

2 Std.
Gehzeit

8 km
Länge

Wanderkarte: Multigraphic Val d'Orcia (1:25000)

Einkehrmöglichkeiten: In Pienza

Anfahrt: Pienza ist von Siena aus mit **Linienbussen** erreichbar (werktags sechs Verbindungen, Fahrzeit 1.20 Std.). Für einen Tagesausflug am günstigsten: ab Siena 13 Uhr, zurück 18.05 Uhr.

Aus der Altstadt von **Pienza** geht man über die Piazza Dante (vor dem westlichen Stadttor) in den Viale Santa Caterina (in der Südwestecke der Piazza), biegt nach wenigen Metern nach links in die Via delle Fonti. Bei einem Quersträßchen geht man nach rechts, kurz darauf erreicht man die romanische Kirche **Pieve di Corsignano,** Das romanische Kirchlein (11./12. Jh.) hat einen ungewöhnlichen zylindrischen Glockenturm. An beiden Portalen sind Skulpturen zu sehen: am Hauptportal eine Sirenengestalt, am Seitenportal die Geburt Christi, Anbetung der Hirten und der Weisen. Der Schlüssel zum Innenraum ist im benachbarten Bauernhof erhältlich (Trinkgeld!). Der Asphalt endet, man wandert geradeaus weiter.

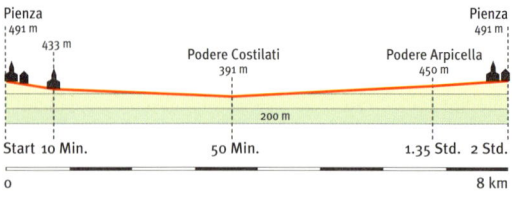

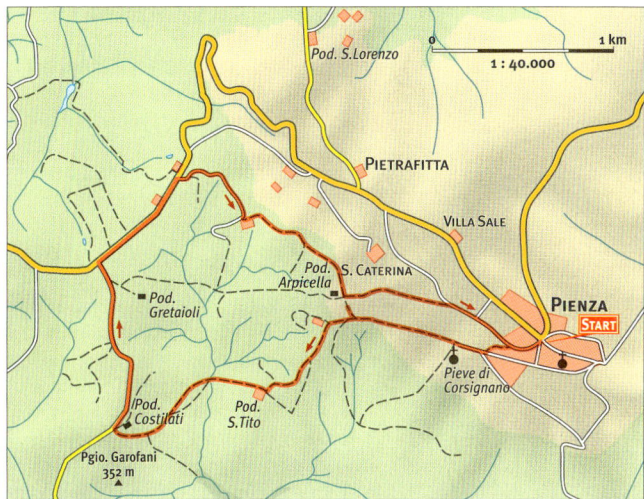

Man folgt immer dem Weg, der sich in der offenen Hügellandschaft nach Westen senkt. Herrliche Aussicht nach Süden zum Monte Amiata und zum merkwürdig geformten Kegelberg von Radicofani, der alten Grenzfeste zwischen der Toscana und dem Kirchenstaat.

Nach knapp 30 Min. erreicht man einen Querweg bei einem verlassenen Gehöft; dort nach rechts, abwärts ins Tal und auf dem von weitem sichtbaren Weg auf der anderen Seite des Tals wieder aufwärts. Links unterhalb eines Anwesens (**Costilati**) zu einem breiten Querweg, auf diesem nach rechts bis zur Straße San Quirico d'Orcia – Pienza (gut 1 Std.).

Auf der Straße nach rechts, nach etwa 10 Min. – zwischen zwei Häusern zur Linken, etwa 100 m vor einer Linkskurve der Straße – biegt man nach rechts in einen abwärts führenden Weg. Der Weg senkt sich kurz, steigt dann wieder an. Bei einer Gabelung geht man links aufwärts, gleich darauf biegt der Weg vor einem Haus nach links. Bei der nächsten Gabelung nach 10 m geht man geradeaus abwärts, bei einer Wegverzweigung nach weiteren 30 m im Eichenwäldchen geradeaus aufwärts. Man folgt dem Weg, bis er an einem Feld endet. Am oberen Rand des Feldes steht ein Häuschen. Man geht am rechten Feldrand an einem Gehölz entlang in gleicher Richtung weiter wie bisher. Auf der Höhe des Häuschens biegt man durch eine Lücke im Gehölz nach rechts auf einen breiteren Weg, folgt ihm nach links aufwärts. Kurz darauf biegt man vor einem Bauernhof (**Arpicella**) scharf nach links (1.35 Std.).

Man gelangt zu einem weiteren Anwesen, geht links an diesem vorbei. Gleich darauf passiert man einen mittelalterlichen Turm und erreicht wenig später einen breiteren Weg. Nach rechts, auf der Aussichtspromenade Viale Santa Caterina zurück nach **Pienza** (knapp 2 Std.).

Variante: Ein kurzer Spaziergang – ebenfalls mit schönen Ausblicken –

Im Zentrum von Pienza

verläuft zunächst auf dem oben beschriebenen Weg. Etwa 10 Min. nach der Pieve di Corsignano biegt man bei einer Wegkreuzung nach rechts. (Das Schild »Proprietà privata« bezieht sich nicht auf unseren Wanderweg, der am Privatgrundstück vorbeiführt.) Der Weg steigt an, nach wenigen Metern biegt man nach rechts in einen schmaleren Weg zwischen Eichen. Kurzer Anstieg, auf der Höhe des Bauernhofs zur Linken **(Arpicella)** scharf nach rechts. Zurück nach Pienza wie oben im letzten Absatz beschrieben (45 Min.).

Pienza

Die Kleinstadt ist der Geburtsort des Papstes Pius II. (1405–64). Der hochgebildete Papst plante, die Stadt im Sinne der philosophischen Ideen des 15. Jh. zu einer ›Idealstadt‹ der Renaissance umzugestalten. Das

Projekt wurde nicht zu Ende geführt, da der Papst vor dem Abschluß der Arbeiten starb. Es entstand aber eine Reihe bedeutender Renaissance-Bauwerke an der zentralen Piazza Pio II.

Der **Dom** zeigt an der Fassade die klaren, regelmäßig gegliederten Renaissance-Formen; der Innenraum weist daneben noch gotische Elemente auf. Zur Ausstattung gehören mehrere schöne Madonnenbilder des 15. Jh. (in der vierten Kapelle rechts »Himmelfahrt Mariae« von Vecchietta, in der fünften Kapelle »Madonna mit Heiligen« von Sano di Pietro, im linken Seitenschiff »Thronende Madonna« von Matteo di Giovanni). Bemerkenswert auch das geschnitzte Chorgestühl.

Der **Palazzo Piccolomini** wurde nach dem Vorbild florentinischer Stadtpaläste geschaffen. Seine festungsartigen, hohen Mauern sind durch Pilaster, Gesimse und differenziert gestaltete Fenster gelockert. Schöner Innenhof. Die Wohnräume des Papstes im ersten Stock können besichtigt werden.

Links vom Dom steht der **Bischofspalast,** gegenüber der Kathedrale das **Rathaus,** das mit seiner dreibogigen Loggia und den regelmäßig angeordneten Fenstern wie eine Übersetzung der mittelalterlichen Rathausbauten (z. B. in Florenz oder Siena) in die Formensprache der Renaissance wirkt.

Steinmauern und Fabeltiere

Von Montalcino über Sant'Antimo nach Castelnuovo dell'Abate

Ein schöner Weg mit weiten Blicken auf das Hügelland der südlichen Toscana und den Vulkankegel des Monte Amiata. Die Wanderung führt abwechselnd durch Waldstücke und offenes Gelände; besonders reizvoll ist der Abstieg zur romanischen Klosterkirche von Sant'Antimo, die zwischen Ölbäumen, Steinmauern, Ginsterbüschen emporwächst, von steinernen Löwen und Fabeltieren bewacht.

DIE WANDERUNG IN KÜRZE

+
Anspruch

3 Std.
Gehzeit

10 km
Länge

Charakter: Einfache Wanderung auf Pfaden, Fahr- und Feldwegen

Markierung: rot-weiß, Weg Nr. 2

Einkehrmöglichkeiten: In Montalcino und Castelnuovo dell'Abate (Mo Ruhetag)

Wanderkarte: Multigraphic Val d'Orcia (1:25000)

Anfahrt: Mit dem Bus: Günstigste Verbindungen für einen Tagesausflug ab Siena: 10.45 Uhr ab Siena, 12.05 Uhr in Montalcino. **Rückfahrt** Castelnuovo–Montalcino werktags

14.25, Mo–Fr auch 16.50 Uhr, Fahrzeit 15 Min. Rückfahrt nach Siena: 20.30 Uhr ab Montalcino, 21.50 Uhr in Siena. **Fahrkarten** für die Rückfahrt Castelnuovo–Montalcino kauft man am besten vor der Wanderung in Montalcino (Tabacchi-Geschäfte). **Achtung:** Die Busse fahren gelegentlich bis zu 10 Min. vor der fahrplanmäßigen Abfahrtszeit!

Öffnungszeiten: Klosterkirche Sant'Antimo: 10.30–12.30, 15–18 Uhr, im Winterhalbjahr 11–12.30, 15–17 Uhr

In **Montalcino** schlägt man die Straße in Richtung Grosseto ein (oberhalb des Ortszentrums, bei der Burg). Man biegt nach wenigen Metern nach rechts in die Via del Poggiolo und passiert den Friedhof. 100 m danach geht man bei einer Abzweigung (Wegweiser: »Pietroso«) geradeaus weiter und steigt zu einer Kuppe an. Der Weg senkt sich dann für ein kurzes Stück, führt nochmals bergauf und zwischen zwei Anwesen wieder hinab. Knapp

100 m hinter diesen Häusern, beim Beginn einer Zypressenallee, biegt man in einen schmalen, nach links abzweigenden Pfad. Man wandert durch eine Wäldchen, geht bei einem nach rechts abzweigenden Weg geradeaus und bei einer kurz darauf folgenden Gabelung links aufwärts.Einige Minuten später passiert man den Bauernhof **Poggiolo** (45 Min.).

Der Weg führt in 10 Min. zu einer Straße. Man geht links aufwärts.

Nach 150 m biegt man – gegenüber der nach rechts abzweigenden Straße Richtung Argiano/ Camigliano – in einen nach links ansteigenden Waldweg. Er führt rund 15 Min. bergauf, man überquert dann die Straße und steigt noch 5 Min. weiter an bis zu einem breiteren Querweg. Hier nach links, zur Straße Montalcino - Grosseto (1.20 Std.).

Nach rechts, 200 m auf der Straße bis zur Abzweigung eines breiten Fahrwegs nach links (Wegweiser »Villa a Tolli«). Man folgt diesem Weg und erreicht in 40 Min. den Weiler **Villa a Tolli** (2 Std.).

In Villa a Tolli bei einer Gabelung nach links (Wegweiser: »Fattoria La Magia«), auf einem Fahrweg bis an den Rand des Anwesens La Magia (linker Hand ein Weinberg). Hier biegt man in einen nach links abwärts abzweigenden, zunächst am Rand des Weinbergs entlangführenden Weg. Auf diesem schöner Abstieg zwischen Steineichen und Ginster; bald erscheint die Kirche von Sant'Antimo im Blick. Man kommt zu einem Querweg (2.30 Std.) und geht nach links abwärts. Immer diesem Weg folgen (bei einer Abzweigung geht man, auf dem Hauptweg bleibend, rechts, bei einem darauffolgenden Querweg, unterhalb eines Bauernhauses, links) bis **Sant' Antimo** (3 Std.). Von der Kirche aus folgt man dem Fahrweg (nach kurzem Stück asphaltiert) in Richtung **Ca-stelnuovo dell'Abate** und erreicht den Ort bei der Straße Montalcino – Seggiano (Bushaltestelle; gut 3 Std.).

Montalcino

Mittelalterliches Städtchen im Zentrum eines bedeutenden Weingebiets. Im Ortsmittelpunkt der **Palazzo Comunale** (Rathaus; 13./14. Jh.). **Kirche Sant'Egidio** (1325), in gotischem Stil auf romanischem Grundriß. Romanische Kapitelle aus einer älteren Kirche. **Museo Civico Diocesano** mit schönen Werken der sienesischen Malerei, u.a. von Simone Martini und Ambrogio Lorenzetti, sowie etruskische Funde (10–13, 14–17.30 Uhr, Mo geschlossen).

Rocca (Festung) des 14. Jh., Diözesanmuseum und Museo Civico (jeweils Gemälde verschiedener sienesischer Maler des 13.–15. Jh.); kleines Archäologisches Museum. Von dem Platz vor der Kirche San Francesco schöner Blick auf die Stadt.

Die Kirche von Sant'Antimo

Die Abteikirche von Sant'Antimo zählt zu den schönsten Kunstwerken der Toscana. Einsam liegt sie in einem Tal südlich von Montalcino, inmitten von Feldern, Olivenhainen

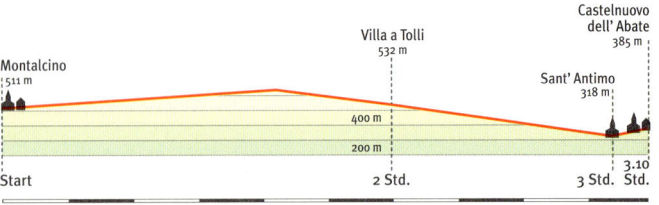

Castelnuovo dell' Abate
385 m

Villa a Tolli
532 m

Montalcino
511 m

Sant' Antimo
318 m

400 m

200 m

Start

2 Std.

3 Std. 3.10 Std.

0   10 km

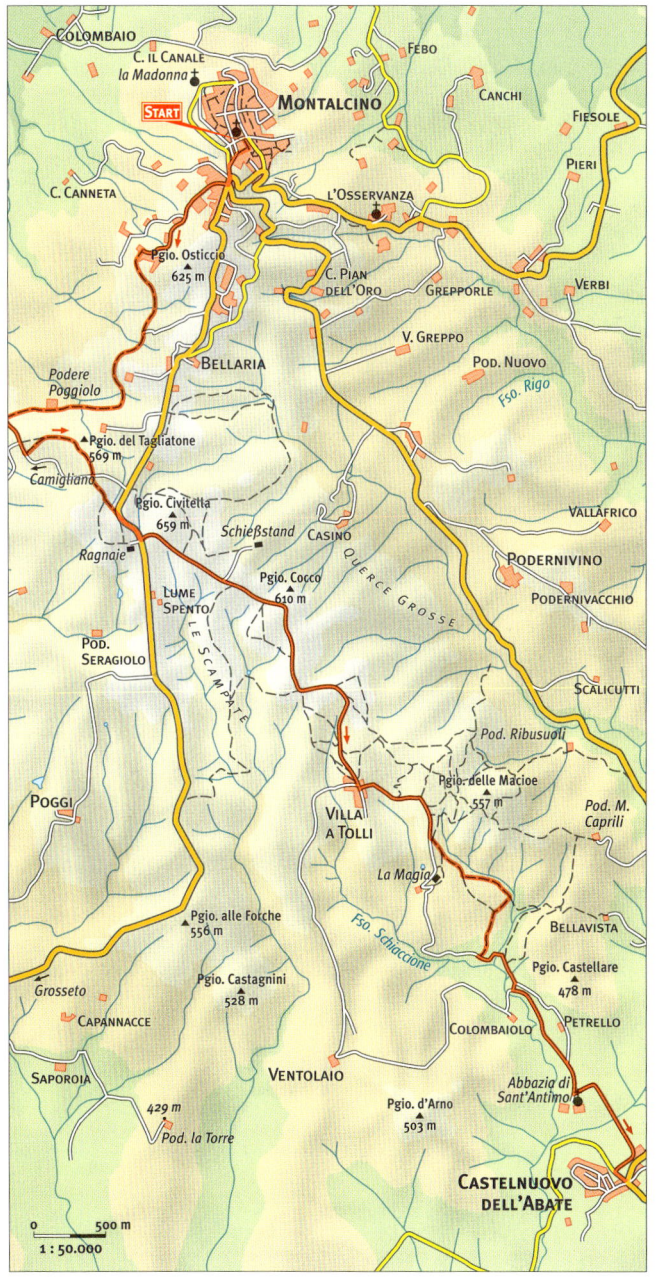

COLOMBAIO

C. IL CANALE
la Madonna

FEBO

CANCHI

FIESOLE

START   MONTALCINO

PIERI

C. CANNETA

L'OSSERVANZA

VERBI

Pgio. Osticcio
625 m

C. PIAN
DELL'ORO

GREPPORLE

V. GREPPO

POD. NUOVO

BELLARIA

Fso. Rigo

Podere
Poggiolo

Pgio. del Tagliatone
569 m

VALLAFRICO

Camigliana

Pgio. Civitella
659 m

Schießstand   CASINO

PODERNIVINO

Ragnaie

PODERNIVACCHIO

LUME
SPENTO

Pgio. Cocco
610 m

QUERCE GROSSE

POD.
SERAGIOLO

LE SCAMPATE

SCALICUTTI

Pod. Ribusuoli

POGGI

Pgio. delle Macioe
557 m

Pod. M.
Caprili

VILLA
A TOLLI

La Magia

BELLAVISTA

Pgio. alle Forche
556 m

Fso. Schiaccione

Pgio. Castellare
478 m

Grosseto

Pgio. Castagnini
528 m

COLOMBAIOLO

PETRELLO

CAPANNACCE

SAPOROIA

VENTOLAIO

Abbazia di
Sant'Antimo

429 m

Pgio. d'Arno
503 m

Pod. la Torre

CASTELNUOVO
DELL'ABATE

0   500 m

1 : 50.000

und ginsterbewachsenen Hängen. Mit ihren hellen Travertinsteinen fügt sie sich vollkommen in die Landschaft ein. Eine große Zypresse flankiert den quadratischen Glockenturm, Ölbäume umgeben die Apsis, die steinernen Löwen des Portals blicken auf bröckelnde, grün bewachsene Steinmauern. Das Bauwerk wirkt wie aus der Landschaft emporgewachsen.

Die Abtei wurde der Überlieferung nach gegen Ende des 8. Jh. von Karl dem Großen gegründet; mit Sicherheit hat es hier spätestens seit dem Jahr 813 ein Kloster gegeben. Aus dieser Zeit ist nur noch die **karolingische Kapelle** an der Südseite des Baus erhalten. Mit dem Bau der heutigen Kirche wurde vermutlich kurz nach 1110 begonnen; um 1160 war sie fertiggestellt. Die Äbte von Sant'Antimo waren zu dieser Zeit mächtige Feudalherren. Im 13. Jh. begann der Niedergang des Klosters; 1462 wurde es von Papst Pius II. aufgelöst. In den folgenden Jahrhunderten verfielen die Gebäude. Zwischen 1872 und 1895 wurden sie gründlich restauriert. Seit 1992 beherbergt Sant'Antimo wieder eine Mönchsgemeinschaft.

Der **Turm** mit zwei schönen Reliefs aus dem 12. Jh. (Chimäre und Madonna mit Kind) ist vermutlich etwas älter als der Hauptbau. An der Nordseite der Kirche befindet sich als Überrest des älteren Bauwerks ein Portal aus dem 9. Jh. mit langobardischen Flechtornamenten. Das **Hauptportal** flankieren Löwen, die »Wächter der Pforten«. Der dreischiffige **Innenraum** vermittelt den Eindruck von Klarheit, Stabilität und Helligkeit. Man spürt die Geborgenheit, die romanische Kirchen oft vermitteln – durch die Rundung von Bögen und Wölbungen, auch

durch das Rund der Apsis, in die das Langhaus bruchlos ausläuft.

Im Unterschied zu anderen romanischen Kirchen aber ist Sant'Antimo zugleich eine Kirche des Lichts und des Emporstrebens. Der Raum ist außerordentlich hell; dazu trägt auch der im Bau verwendete durchscheinende Onyx-Alabaster aus den nahegelegenen Steinbrüchen von Castelnuovo dell'Abate bei. Das Mittelschiff ist schmal im Verhältnis zur Höhe, die Vertikalrichtung wird dadurch betont. Der Bau hat nichts Gedrücktes oder Gedrungenes. Durch seine Solidität, durch die ›mütterlichen‹ Rundformen ist er dem Erdhaften verbunden wie die gesamte romanische Kunst; zugleich aber öffnet er sich dem Licht. Eine eigentümliche, in dieser Form einzigartige Harmonie stellt sich im Inneren des Raumes her.

Schön sind die **Kapitelle,** keines gleicht dem anderen. Das reichhaltigste befindet sich an der zweiten Säule rechts (vom Portal aus gesehen): Daniel in der Löwengrube, vom sogenannten Maître de Cabestany um 1150 geschaffen. Auf Kapitellen im Altarbereich erblickt man Adler, geflügelte Drachen, Widder- und Ziegenschädel. Bemerkenswert sind auch zwei bemalte Holzskulpturen aus dem 13.Jh.: die »Madonna di Sant'Antimo« im rechten Seitenschiff und das Kruzifix über dem Altar. Rechts vom Altar befindet sich der Eingang zur kleinen Krypta, in der ein römischer Grabstein als Altartisch dient.

Stolze Burgen, weite Horizonte

Bei Bagno Vignoni

Der winzige Ort Bagno Vignoni ist ein traditionsreiches Thermalbad. Aus einem großen gemauerten Wasserbecken steigen die Dämpfe der über 50°C heißen Quellen auf. Schon Lorenzo dei Medici badete hier. Die Wanderung führt zum befestigten Weiler Vignoni, dann mit weiten Ausblicken über den Kamm eines Hügelrückens zur Burg Ripa und schließlich durch das reizvolle Tal des Orcia zurück.

DIE WANDERUNG IN KÜRZE

+
Anspruch

3.20 Std.
Gehzeit

11 km
Länge

Charakter: Einfache Wanderung, allerdings mit anfänglichem Anstieg von 200 Höhenmetern; ca. 1 Std. auf breitem Fahrweg, im übrigen schmale Wege.

Markierung: Im ersten und im letzten Drittel rote Pfeile und Punkte

Wanderkarte: Multigraphic Val d'Orcia (1:25000)

Einkehrmöglichkeiten: In Bagno Vignoni

Anfahrt: Busverbindungen nach Siena, meist mit Umsteigen. Fahrzeit rund 1.15 Std. Für einen Tagesausflug folgende Verbindungen (werktags): Siena ab 7 Uhr (Umsteigen San Quirico d'Orcia), an Bagno Vignoni 9 Uhr. Zurück 14.15 Uhr (Umsteigen S. Quirico) oder 17.25 (direkt, Abfahrt an der Via Cassia 1 km unterhalb des Ortes).

Vom großen Wasserbecken in **Bagno Vignoni** nimmt man die in nordwestlicher Richtung aus dem Dorf führende Via Salimbeni. Nach 30 m beschreibt die Straße eine deutliche Rechtskurve; hier geradeaus auf einem Weg weitergehen, der unmittelbar rechts an einem weißen Haus vorbeiführt und sich dahinter gabelt. Man geht links (geradeaus), auf einem ebenen Feldweg. Dieser biegt nach 3 Min. bei einem Steinschuppen nach rechts ab und steigt kurz zu einem Querweg an. Man wendet sich nach links, folgt einem zunächst leicht absteigenden, dann ebenen Weg in lichtem Wald auf halber Höhe über dem Orcia-Tal. Man gelangt bei einer steinigen Fläche nach einem kurzen Anstieg zu einer Gabelung, biegt nach rechts (15 Min.). Etwa 100 m weiter nimmt man einen nach links abzweigenden Pfad, gelangt in ein Waldstück, geht bei einer Gabelung nach 50 m nach rechts und trifft auf einen Fahrweg. Auf diesem zwischen Feldern geradeaus. Rechts oberhalb wird das nächste Teilziel Vignoni sichtbar. Man erreicht das verlassene Anwesen **Podere Coroglie** (25 Min.). Hinter dem

Blick auf Ripa d'Orcia

Gebäude wendet man sich nach rechts auf einen nach Norden ansteigenden Fahrweg. Man bleibt immer auf dem Hauptweg. Bei zwei Gabelungen hält man sich rechts. Nach gut 30 Min. Anstieg trifft man unterhalb des Dorfes auf einen breiten Fahrweg. Man geht 50 m nach rechts und schlägt dann – gegenüber vom Friedhof – einen nach links abzweigenden Pfad ein, der durch das alte Stadttor nach **Vignoni** hineinführt (1 Std.), ein winziges mittelalterliches Dorf in schöner Lage, mit kleiner romanischer Kirche und Ruinen des Palazzo degli Amerighi (15. Jh.).

Man durchquert den Ort, geht in gleicher Richtung wie bisher auf breitem Weg weiter aufwärts. Nach Süden blickt man auf die markante Burg Rocca d'Orcia vor der Silhouette des Monte Amiata. In Gehrichtung wird in der Ferne Montalcino sichtbar. Nach Osten kann man Pienza und Montepulciano, nach Südosten Radicofani – die alte Grenzfeste zwischen der Toscana und dem Kirchenstaat – ausmachen. Knapp 10 Min. nach Vignoni, 20 m hinter dem höchsten Punkt des breiten Fahrwegs, wendet man sich nach links auf einen schmaleren Weg. Dieser führt einige Meter ab-

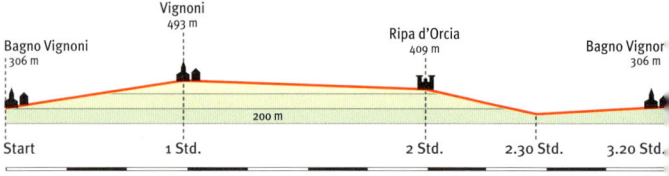

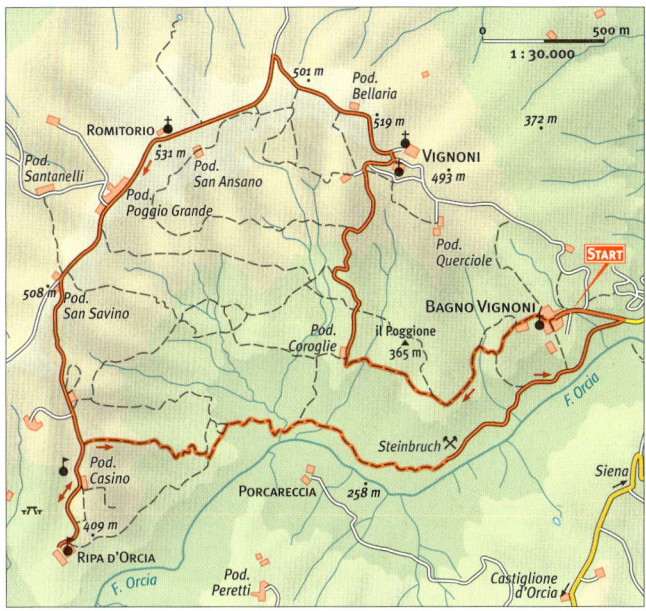

wärts, trifft dann auf den breiten Fahrweg San Quirico d'Orcia – Ripa d'Orcia, dem man nach links folgt. Der Weg steigt noch etwas an, senkt sich dann ein langes Stück mit weitem Blick nach Westen, an zwei Bauernhäusern vorbei, zur einsam gelegenen Burg **Ripa d'Orcia** (2 Std.). Schöne Aussicht auf das Orcia-Tal links von der Burg.

Von der Burg geht man ca. 10 Min. auf dem Hinweg zurück, zweigt dann vor einem dichten Zypressenhain nach rechts in einen schmaleren Weg (rot-weiße Markierungen, Zeichen »AT«). Der Weg führt in einem knapp halbstündigen Abstieg durch Buschwald ins **Tal des Orcia.** Bei einer Gabelung im Talgrund (2.35 Std.) hält man sich links. (Ein Abstecher nach rechts führt nach kurzem Stück zu einer zerstörten Hängebrücke am Flußufer.)

Der Weg steigt für etwa 3 Min. an, verläuft dann nach einer Linkskurve ein kurzes Stück eben. 50 m hinter der Kurve biegt man in einen nach rechts abzweigenden Pfad (rot-weiß markiert). Er gabelt sich nach 10 m. Man geht an der Gabelung wieder rechts. Auf schmalem Weg abwärts, dann ein Stück durch dichte Macchia-Vegetation parallel zum Fluß. Bei einer Pfadgabelung biegt man nach links aufwärts, kommt nach 10 m zu einem Feld, wandert an seinem unteren Rand weiter. Der Pfad führt nach rechts in ein Wäldchen und verläuft dann wieder parallel zum Fluß. Er verbreitert sich schließlich, erreicht das Gelände eines stillgelegten Steinbruchs und 15 Min. später die Kalkterrassen unterhalb von **Bagno Vignoni**. Geradeaus weiter bis zu einer Asphaltstraße, auf ihr nach links und in wenigen Minuten ins Ortszentrum (3.20 Std.).

Tour 16

In den heißen Quellen von Bagno Vignoni badete bereits Lorenzo dei Medici

Bagno Vignoni

Aus wenigen Häusern bestehendes Thermalbad. Die Heilquelle (günstig vor allem gegen rheumatische Beschwerden und Neuralgien) hat eine Temperatur von 52°C. Bademöglichkeit im Schwimmbad des Hotels La Posta (langes Baden ist sehr anstrengend, es wird davon abgeraten). Am südlichen Ortsrand gibt es eine sehr schöne Stelle, wo das heiße Wasser in Bächen zu Tal strömt (frei zugänglich).

Ein Monument des Verfalls

Bei San Galgano

Die verfallene Zisterzienserabtei von San Galgano wirkt wie ein Monument der Vergänglichkeit. Das Dach der Kirche ist eingestürzt, der Boden von Gras überwuchert. In unmittelbarer Nähe steht ein kleines romanisches Oratorium. Die Wanderung führt durch eine Landschaft, die kaum ins bekannte Toscana-Bild paßt, sondern dunkler und herber, geheimnisvoller und auch ein wenig romantisch wirkt.

DIE WANDERUNG IN KÜRZE

++ Anspruch	**Charakter:** Leicht bis mittelschwer, bequeme Fahr- und Feldwege
3.45 Std. Gehzeit	**Markierung:** Im ersten und letzten Drittel rote Pfeile und Punkte
15 km Länge	**Einkehrmöglichkeiten:** In Palazzetto das gute Hotel-Restaurant Il Palazzetto (✆ 05 77 75 11 60, Mi Ruhetag)
	Anfahrt: Palazzetto liegt an der **Buslinie** Siena–

Massa Marittima. Busse ab Siena 6 u. 14 Uhr, von Palazzetto nach Siena 17.25 u. 18.05 Uhr; ab Massa Marittima 7 u. 8.30 Uhr, von Palazzetto nach Massa 9.05, 15, 16.50 u. 20 Uhr. Alle Busse nur werktags! Fahrzeit nach Siena rund 1 Std., nach Massa Marittima rund 35 Min. Es gibt zwei Busgesellschaften, FMF und TRAIN, deren Fahrkarten nicht wechselseitig gültig sind!

In **Palazzetto** biegt man von der Straße Siena–Massa Marittima beim Hotel-Restaurant in eine Nebenstraße in nördlicher Richtung (aus Richtung Siena: nach rechts). Bei einer Gabelung nach 50 m links halten, auf einem Sträßchen aufwärts zu einer Häusergruppe am Ortsrand. Hier geht man auf einem breiten Fahrweg geradeaus weiter (rot-weiße Markierung).

Der Weg endet nach rund 10 Min. vor einem großen Bauernhof. Beim Platz vor der Häusergruppe nimmt man den nach links abwärts führenden Weg. Dieser durchquert ein Bachtal und steigt dann an zu einem weiteren Bauernhof. Der markierte Weg führt durch das Anwesen hindurch (die freundlichen Bauersleute und ihr ebenfalls freundlicher Hirtenhund sind damit einverstanden). Man wandert auf einem Fahrweg weiter, der lichten Wald passiert, dann unterhalb des Ortes Chiusdino verläuft. Über Wiesen und Schafweiden hinweg hat man einen schönen Blick auf den alten Ortskern. Der Weg steigt schließlich wieder stärker an, führt dabei rechts an einer Häusergruppe vorbei und trifft auf die **Schotterstraße Chiusdino–Frássini** (gut 1 Std.). Man geht auf der nichtasphaltierten Straße nach rechts

und gelangt in einer guten halben Stunde, meist leicht absteigend, zum Dorf **Frássini** (1.40 Std.).

Im Dorf geradeaus weiter, vorbei an der Kirche. Wenige Meter nach der Kirche, gegenüber vom Haus Nr. 89, biegt man nach rechts in einen abwärts führenden Weg. Bei einer Gabelung wenige Minuten später geht man nach links, weiter abwärts. Man überquert einen Bach, steigt wieder an, folgt immer dem Weg (nach einiger Zeit mit schönem Blick nach rechts auf Chiusdino). Der Weg steigt schließlich an zu einer Kreuzung (30 Min. ab Frássini).

Man biegt nach rechts (dieser Weg ist durch eine Kette für Fahrzeuge gesperrt). Weiter auf dem Hügelkamm. Nach wenigen Minuten wird San Galgano sichtbar. Der Weg senkt sich, beschreibt eine Rechtskurve, überquert einen Bach, steigt dann an zu einem breiten Fahrweg auf (45 Min. ab Frássini). Auf diesem nach links bis zur Straße Massa Marittima–Siena (1.05 Std. ab Frássini).

Auf der Straße nach rechts, über eine Brücke, gleich darauf nach links in einen ansteigenden Weg. Man gelangt zu einem Sträßchen und folgt ihm nach links bis zum romanischen Oratorium **San Galgano** (gut 3 Std.).

Links an der Kirche vorbeigehend, gelangt man in wenigen Minuten zu den Ruinen der gotischen Abtei. Nach der Besichtigung wendet man sich vor der Abteiruine nach links auf einen Fahrweg, der durch eine Senke führt, rechts an einem verfallenen Anwesen vorbei ansteigt und sich 30 m dahinter – bei einem Teich rechter

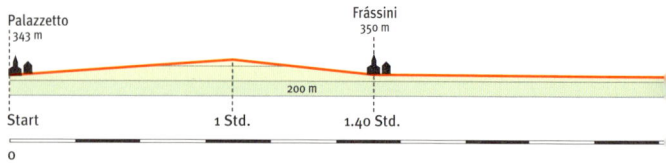

*Die verfallene
Zisterzienserabtei
San Galgano*

Hand – gabelt. Man geht nach rechts aufwärts (rot-weiße Markierung, Weg Nr. 5a). Der Weg führt rund 20 Min. durch Wald, dann an Wiesen entlang; schließlich läuft er auf ein verlassenes Gehöft kurz vor Palazzetto zu. Vor den Gebäuden biegt man nach rechts ab, geht zur Straße Siena–Massa Marittima und gelangt, sich nach links wendend, in gut 5 Min. zum Ausgangspunkt **Palazzetto** (3.45 Std.).

Oratorio San Galgano

Das **Oratorio San Galgano** wurde auf dem Hügel Montesiepi Ende des 12. Jh. als Grabkirche für den Einsiedler Galgano Guidotti (1185 heiliggesprochen) erbaut, der sich hierher zurückgezogen hatte. Der zweifarbige Rundbau stand vermutlich zunächst ohne Anbauten da; bald aber wurde die Torhalle hinzugefügt.

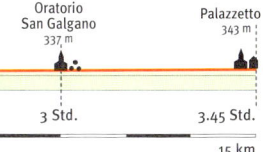

Das Klostergebäude mit dem Glockenturm, welches sich heute an die Kirche anschließt, war ursprünglich von der Kirche getrennt; seine gegenwärtige Gestalt verdankt es späteren Umbauten. Um 1340 entstand die rechteckige Kapelle, die Ambrogio Lorenzetti mit schönen, leider schlecht erhaltenen Fresken ausmalte: Madonna mit Engeln und Heiligen (bemerkenswert die Figur der Eva zu Füßen der Maria), Verkündigung, Szenen aus dem Leben des hl. Galgano.

Ruinen der Abtei San Galgano

Das Kloster, einst eines der mächtigsten der Toscana, entstand nach Galganos Tod unterhalb seiner Grabkirche. Zwischen 1224 und 1288 wurde die große Abteikirche in gotischem Stil errichtet. Der Bau war von französischen Vorbildern beeinflußt. Im 15. und 16. Jh. begann das Kloster zunächst an Einfluß zu verlieren, dann zu verfallen. 1577 wurden die Gebäude noch einmal restauriert, 200 Jahre später aber stürzten Glockenturm und Kirchendach ein, so daß nur die imposanten Ruinen erhalten blieben.

In den Metallhügeln

Von Sassofortino nach Montemassi

Eine Wanderung im einsamen Mittelgebirge der Colline Metallifere, der ›metallhaltigen Hügel‹ südwestlich von Siena. Auf weiten Strecken genießt man eine herrliche Aussicht auf die Berge der Südtoscana und das Meer. Über den malerischen, bizarr über Laubwäldern an einen Fels gedrückten Ort Roccatederighi gelangt man nach Montemassi, ein mittelalterliches Dorf mit weithin sichtbarer Burgruine.

DIE WANDERUNG IN KÜRZE

+
Anspruch

3.15 Std.
Gehzeit

10 km
Länge

Charakter: Leicht bis mittelschwer; zwischen Sassofortino und Roccatederighi breite Wege (2 km kaum befahrene Asphaltsträßchen), ab Roccatederighi Feld- und Fahrwege sowie Pfade.

Markierung: Mit Ausnahme eines halbstündigen Wegstücks rot-weiße Markierungen des Rundwegs »Trekking Roccastrada«

Einkehrmöglichkeiten: In allen Orten am Wege

Anfahrt: Mit dem Bus: Montemassi–Roccatederighi/Sassofortino 14.05 (an Schultagen), 15.20 (tägl.), 17.25 (Mo–Fr),

18.35 Uhr (werktags). Von Roccatederighi nach Sassofortino jeweils 15 Min. später. Fahrkarten sind in Montemassi im Lebensmittelgeschäft neben der Haltestelle erhältlich. Verbindungen nach Sassofortino bzw. Roccatederighi von Grosseto mehrmals täglich (ca. 1 Std. Fahrzeit).

Abkürzung: Man kann problemlos nur ein Teilstück der Wanderung gehen, entweder das kürzere Stück von Sassofortino nach Roccatederighi (50 Min.) oder den Weg von Roccatederighi nach Montemassi (2.25 Std.).

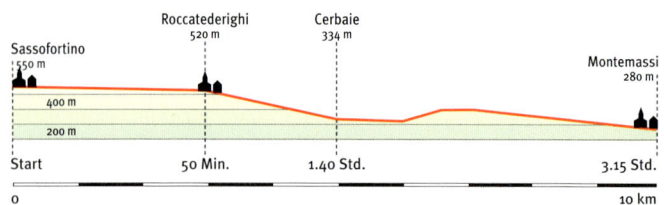

74

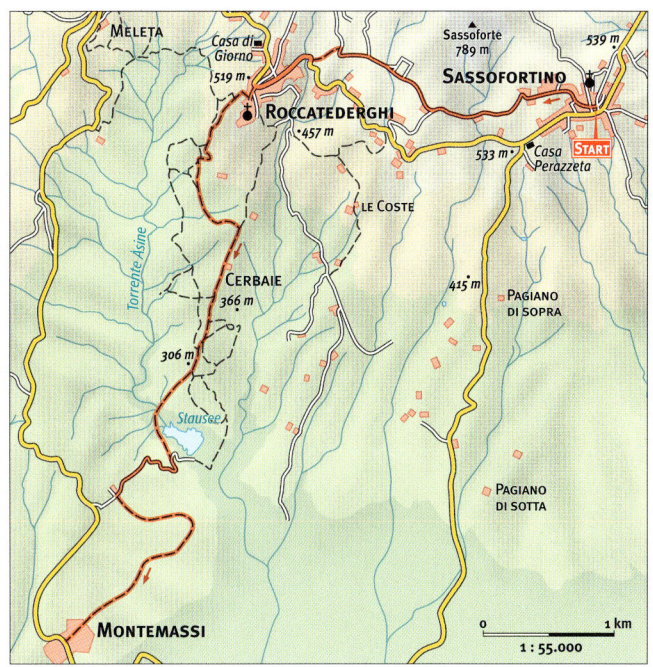

Der Weg beginnt in **Sassofortino** an der Hauptstraße beim Haus Nr. 10 (Macelleria Falchi; Hinweisschilder »Trekking Roccastrada«.) Das Dorf wurde im 15. Jh. gegründet, als Siena die oberhalb gelegene Festung Sassoforte zerstörte und die Einwohner in den neuen Wohnort umsiedelte. Die alte Bausubstanz des Ortes ist erhalten, aber unter dem allgegenwärtigen Zementverputz nicht mehr zu erkennen.

Man geht nach links in die Via del Gioco, folgt dann ihrer Verlängerung, der Via dell'Orfanotrofio, ortsauswärts nach Westen. Am Ortsrand, hinter dem Haus Nr. 43, biegt man in ein nach links abzweigendes Sträßchen und folgt nun dem gut markierten Weg in westlicher Richtung, teils durch Kastanienwald, teils mit Ausblicken auf das Meer.

Nach 10 Min. endet die Asphaltierung. Man passiert zwei Sportplätze, biegt danach in einer Rechtskurve nach links in einen absteigenden Weg, der zur Straße führt. Man geht rechts und erreicht auf der Straße in wenigen Minuten **Roccatederighi** (50 Min.). Der Ort wurde unter großen Felsblöcken errichtet. Seine Häuser, die Felsen und die Burgruine bilden ein reizvolles, ungewöhnliches Ensemble. Im kleinen alten Ortskern finden sich reizvolle Gassen und ruhige Plätze.

In Roccatederighi erreicht man die Via Vittorio Emanuele II und folgt dem Hinweisschild in Richtung »Centro Storico«. Nach wenigen Schritten auf der Piazza Garibaldi nach rechts (allerdings lohnt hier ein Abstecher nach links ins alte Ortszentrum). Auf gepflastertem

Blick von der Burgruine in Montemassi

Weg aus dem Ort, Abstieg in schönem Edelkastanienwald. In einer scharfen Linkskurve des Weges (15 Min. ab Roccatederighi) weist die rot-weiße Markierung in einen nach rechts abzweigenden Pfad; man wandert hier aber auf dem breiten Weg ohne Markierung weiter und folgt immer dem Hauptweg, der sich allmählich senkt. Nach einer weiteren Viertelstunde beschreibt er eine Linkskurve, steigt an und führt zu einem breiteren Fahrweg.

Man geht nach rechts abwärts und trifft nach einem kurzen Stück wieder auf die Markierungen.

Auf dem Fahrweg zu dem Gehöft **Cerbaie** (50 Min. ab Roccatederighi, 1.40 Std. ab Sassofortino), durch das Anwesen hindurch. Noch weitere 15 Min. durch Steineichenwald abwärts. Bei einer Gabelung geht man dann rechts, biegt 10 m weiter vor einem Häuschen in einen Pfad nach links, steigt steil ab zu einem Bach, den man überquert. Dann auf

breitem Weg nach links, bei einer Gabelung (Hinweisschild) rechts aufwärts. Man passiert einen kleinen Stausee, steigt dann eine gute halbe Stunde auf etwas langweiligem Weg im Buschwald an. Fast auf der Höhe gabelt sich der Weg, man geht nach links, weiter aufwärts, bei der nächsten Gabelung, unterhalb des Hügelgipfels, nach rechts. Der Blick wird frei auf Montemassi mit seinem Kastell, das Tal von Grosseto und die Hügel der Ma-

remma. Auf dem markierten Pfad, immer mit schöner Aussicht, bis **Montemassi.** Die Burgruine des mittelalterlichen Dorfes ist durch Simone Martinis Fresko »Guidoriccio da Fogliano auf dem Weg zur Belagerung von Montemassi« (Siena, Rathaus) in die Kunstgeschichte eingegangen. Im Ort folgt man dem Wegweiser »Grosseto« bis zur Bushaltestelle an der Umgehungsstraße (ab Roccatederighi 2.25 Std., ab Sassofortino 3.15 Std.).

Auf alten Hirtenwegen

Von Roccalbegna nach Semproniano

Roccalbegna und Semproniano liegen im schönen, wenig besuchten Hügelland südwestlich des Monte Amiata. Zwischen den Orten erstreckt sich eine reizvolle Landschaft lichter Eichenwälder und einsamer Wiesen und Weiden mit verstreuten Gehöften. Immer wieder begegnet man Schafherden. Die Schafzucht spielt in diesem bäuerlich geprägten Landstrich nach wie vor eine wesentliche Rolle.

DIE WANDERUNG IN KÜRZE

+
Anspruch

Charakter: Mittelschwer; Fahrwege und Maultierpfade, zu Beginn gut 1 km auf wenig befahrener Landstraße. Nach sehr starken Regenfällen muß man bei einer Bachüberquerung Schuhe und Strümpfe ausziehen.

3 Std.
Gehzeit

10 km
Länge

Markierung: Rot-weiß, Weg Nr.7

Einkehrmöglichkeiten: In Roccalbegna und Semproniano

Rückfahrt zum Ausgangspunkt: Werktags fährt um 14.25 Uhr ein Bus von Semproniano nach Roccalbegna (ab Piazza del Popolo, im Ortszentrum gegenüber der Touristeninformation Pro Loco).

Hinweise: Bitte schließen Sie alle Gatter am Weg sorgfältig!

In **Roccalbegna** nimmt man die Straße in Richtung Triana, folgt ihr für gut einen Kilometer. Beim Kilometerstein 45,4 – 100 m hinter dem Friedhof – biegt man nach rechts in einen abwärts führenden Weg. Auf diesem zu einem Bach, unmittelbar danach bei einer Gabelung rechts. Man steigt auf dem Weg an, passiert nach 10 Min. ein landwirtschaftliches Gebäude linker Hand, geht nach weiteren 5 Min. bei der Abzweigung eines ansteigenden Weges (nach rechts) geradeaus weiter. Immer auf diesem Weg bleiben, bis er unterhalb einer Häusergruppe auf einen breiten Fahrweg stößt.

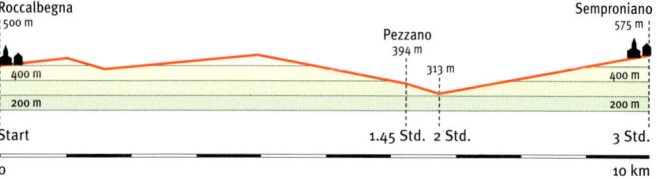

Roccalbegna | 500 m | 400 m | 200 m | Start | Pezzano 394 m | 313 m | 1.45 Std. | 2 Std. | Semproniano 575 m | 400 m | 200 m | 3 Std.

0   10 km

Man biegt nach rechts und folgt nun diesem Fahrweg für 3 km – streckenweise mit Ausblicken auf die Schlucht des Flüßchens Albenga – bis zum Bauernhof **Pezzano** (1.45 Std.). Man wandert links an dem Anwesen vorbei und folgt dem markierten Pfad abwärts. Im Tal angelangt, geht man durch ein Gatter. Gleich danach biegt man – von der Markierung abweichend – nach links zu einem Bachübergang.

Achtung: Die hier vorgeschlage Variante ist etwa 30 Min. kürzer als der markierte Weg; sie ist allerdings bei feuchtem Untergrund unter Umständen mühselig, da sie ein Stück querfeldein führt. In diesem Fall geht man besser den längeren, markierten Weg: Weiter am rechten Ufer, nach gut 5 Min. bei einer Gabelung nach links biegen. 50 m weiter überquert man den Bach, steigt dann auf einem Waldpfad an. Man erreicht einen breiteren Querweg, geht links und steigt eine knappe Stunde an bis Semproniano.

Die Hauptvariante führt nach dem Bachübergang zu einem Feld. Man steigt an dessen linker Seite an. (Bitte auf keinen Fall quer durch das Feld gehen, wenn es eingesät ist!) Man verläßt das Feld am oberen Rand nach links, findet einen weiter aufwärts führenden Weg. Er führt bei einem Häuschen zu einem Fahrweg. Man geht nach links, findet wieder die rot-weißen Markierungen und gelangt in rund 45 Minuten nach **Semproniano** (knapp 3 Std.).

Roccalbegna

Ort in landschaftlich schöner Lage mit der romanischen Kirche Santi Pietro e Paolo (13. Jh.), in der sich ein schönes, um 1330 entstandenes Tryptichon des sienesischen Malers Ambrogio Lorenzetti befindet.

In der Maremma

Von Semproniano nach San Martino sul Fiora

Die bequeme Wanderung führt die meiste Zeit über einen Hügel-kamm mit schöner Aussicht auf die Maremma, das Amiata-Massiv und das nördliche Latium. Bei klarer Sicht blickt man bis zum Meer und zur Insel Elba.

DIE WANDERUNG IN KÜRZE

+
Anspruch

2.30 Std.
Gehzeit

9 km
Länge

Charakter: Leicht. Bis Scalabrelli breiter Fahr-weg, dann Feldwege; kurze Strecken auf schmalen Pfaden und querfeldein. 35 Min. auf kaum befahre-nen Asphaltstraßen.

Markierung: Rot-weiß, Weg Nr. 9. Auf den Hin-weistafeln am Wanderweg wird der Ort Scalabrelli irr-tümlich als »Catábbio« bezeichnet!

Einkehrmöglichkeiten: In Semproniano und San Martino sul Fiora. Trink-wasser auch in Scalabrelli und an mehreren Stellen zwischen Scalabrelli und San Martino.

Rückfahrt zum Ausgangs-punkt: Bus San Martino-Semproniano werktags 14 Uhr. Fahrkarten kauft man am besten vor Beginn der Wanderung in Sempro-niano (Tabacchi-Geschäft).

In **Semproniano** schlägt man von der Piazza del Popolo im Ortszentrum den Corso Italia ein, folgt dann der Via Dante Alighieri. Nach kurzem Stück biegt die Hauptstraße nach links in Richtung Roccalbegna (Weg-weiser); man geht hier geradeaus weiter auf der Via D. Alighieri. Die Straße führt aus dem Ort heraus. Nach gut 20 Min. endet die Asphal-tierung. Bei einer Wegverzweigung

5 Min. später geht man rechts (Weg-weiser »Casa Zammarchi«). Bei einer weiteren Gabelung (nach rechts Wegweiser »Loc. I Monti«) hält man sich links. Der Weg senkt sich stärker, passiert das Anwesen **Casa Zam-marchi** (1 Std.) und führt zum Dorf **Scalabrelli** (1.15 Std.).

In Scalabrelli verläßt man das Sträßchen auf einem Weg nach links abwärts, in südlicher Richtung. Nach

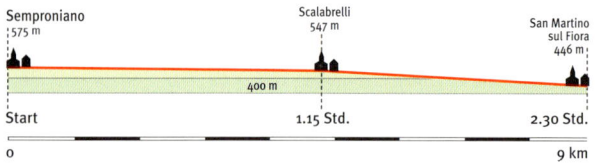

Semproniano
575 m

Scalabrelli
547 m

San Martino
sul Fiora
446 m

400 m

Start

1.15 Std.

2.30 Std.

0

9 km

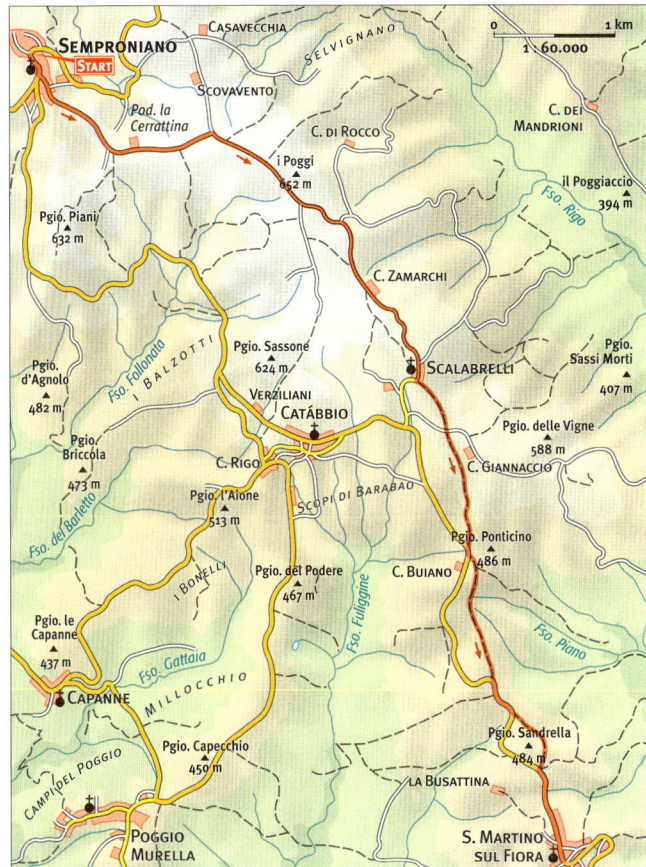

gut 5 Min. kreuzt der Weg eine Schotterstraße (rechts ein Wasserhahn, Trinkwasser). Weiter auf einem Pfad im Gehölz; schöne Aussicht über das Hügelland der Maremma bis zum Meer. Man gelangt zu einem breiteren Weg, geht geradeaus zur Straße Catábbio – San Martino (1.40 Std.).

Auf der Straße nach links, nach 50 m wieder nach links in einen absteigenden Weg. Man passiert gleich darauf einen Schafstall, gut 5 Min. später ein Gatter. (Bitte dieses und die folgenden Gatter sorgfältig schließen!). Weiter am Zaun entlang, zu einem zweiten Gatter, dann über ein Feld zum dritten Gatter am gegenüberliegenden Feldrand. Gleich dahinter rechts die Böschung hinauf, dann auf schmalem Pfad am unteren Rand eines Feldes entlang und aufwärts zur Straße (knapp 2 Std.).

Man biegt nach links, wendet sich 2 Min. später beim Kilometerstein 21,1 in einen nach links abzweigenden Weg. In gut 10 Min. erreicht man erneut die Straße, folgt ihr nach links bis **San Martino sul Fiora** (2.30 Std.).

Etruskerschluchten

Von San Martino sul Fiora nach Sovana

Auf einem Panoramaweg steigt man ab ins Tal des Flusses Fiora, wandert dann durch die eindrucksvolle, ins vulkanische Tuffgestein geschlagene Nekropole von Sovana. Dichte Vegetation, hohe Fels-wände, das Rauschen der Bäche schaffen eine geheimnisvolle At-mosphäre in der etruskischen Gräberstadt. Sovana, das Ziel der Wanderung, gehört zu den interessantesten Orten der Südtoscana.

DIE WANDERUNG IN KÜRZE

Anspruch +

Charakter: Einfach; Fahr-wege und Pfade, kurze Wegstücke querfeldein, 20 Min. auf wenig befahrenen Straßen

2.45 Std.
Gehzeit

Markierung: Von S. Marti-no bis zur Fiora-Brücke rot-weiß

10 km
Länge

Einkehrmöglichkeiten: In San Martino und Sovana

Rückfahrt zum Ausgangs-punkt: Busse Sovana–San

Martino werktags 13.45 Uhr, Fahrzeit 15 Min.

Öffnungszeiten: Etrusker-grab Tomba Ildebranda: Sommerhalbjahr 9–18 Uhr, Oktober bis März 10–13 und 15–17.30 Uhr

In **San Martino** geht man im Orts-zentrum an der Kirche vorbei in westlicher Richtung und verläßt den Ort auf der Via del Casone. Bei einer Wegkreuzung nach 5 Min. biegt man nach links. Man gelangt zur Straße S.Martino–Sovana, geht auf ihr nach rechts und schlägt nach 100 m einen nach rechts abzweigenden Pfad ein. Er führt wieder zur Straße, man biegt erneut nach rechts und folgt der

Straße für 800 m. Beim Kilometer-Stein 17,2 biegt man in einen breiten Weg nach links abwärts. Er führt mit schöner Aussicht zur **Fiora-Brücke** (knapp 1 Std. ab S.Martino).

Man geht nochmals 15 Min. auf der Straße: über die Fiora-Brücke, bei der folgenden Abzweigung nicht den Markierungen nach links folgen, sondern geradeaus wandern bis zur Kilometermarke 12. Direkt davor

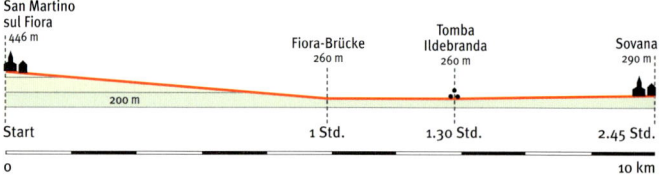

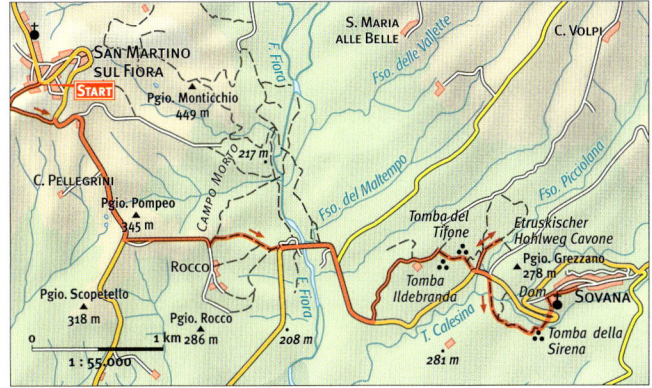

biegt man in einen nach links ansteigenden breiten Weg. Man passiert einige Häuser. Nach einer guten Viertelstunde führt der Weg auf einer Etruskerspur zwischen Tuff-Felsen abwärts. Am Ende des Hohlwegs wendet man sich zunächst nach rechts und erreicht dann das monumentale **Grab Tomba Ildebranda** (1.30 Std.; Hinweisschilder). Auf dem gleichen Weg kehrt man zum Fahrweg zurück, kreuzt ihn und folgt einem Pfad im Gebüsch zur **Tomba del Tifone**. Von der Tomba del Tifone nach rechts absteigend gelangt man zur Straße.

Nach links zweigt der eindrucksvolle, tief in die Felsen geschnittene etruskische **Hohlweg »Cavone«** ab (Hinweisschild) – ein Abstecher (hin und zurück 20 Min.) ist unbedingt empfehlenswert!

Der Weg nach Sovana führt auf der Straße nach links. Nach einem kurzen Stück – kurz vor einer Brücke bei Kilometer 10,8 – biegt man nach rechts in eine Fahrspur. Dieser folgend, überquert man einen Bach, steigt auf der anderen Seite an, geht gleich darauf rechts an der Kapelle **San Sebastiano** vorbei. Oberhalb des Kirchleins biegt

man in einen steil nach rechts ansteigenden Weg. Auf der Höhe angelangt, wendet man sich nach links. (Allerdings lohnt ein kurzer Abstecher nach rechts, wo man nach wenigen Schritten auf einen beeindruckenden etruskischen Hohlweg stößt.)

Wenig später geht man bei einer Gabelung rechts, unter einem überhängenden Felsen hindurch. Man kommt an zahlreichen einfachen, in den Fels gehauenen Etruskergräbern vorbei, findet schließlich zwei interessante ›Halbwürfel-Gräber‹ (Wegweiser »Tombe etrusche III–II sec.«). Wenige Meter danach folgt rechts die Tomba della Sirena. Man folgt dem Pfad weiter, gelangt wieder zur Straße. Auf der Straße geht man durch einen **Tunnel** (lohnender **Abstecher** zu einer frühchristlichen Felskapelle, 10 Min.: unmittelbar vor dem Tunnel steigt man auf einem Pfad nach links an, findet die Grotten oberhalb des Tunnels), biegt nach dem Tunnel in einen rechts aufwärts führenden Weg und gelangt auf diesem in wenigen Minuten, am Dom vorbeigehend, in die Ortsmitte von **Sovana** (2.40 Std. einschließlich Abstecher zum Cavone).

Sovana

Das kleine Sovana zählt zu den interessantesten Orten der Toscana. Es war einst eine wichtige Stadt der Etrusker, in der frühchristlichen Zeit wurde es Bischofssitz. Hier wurde Hildebrand von Sovana geboren, der spätere Papst Gregor VII., der Heinrich IV. zum Gang nach Canossa zwang. Im Mittelalter aber verlor das Städtchen seine Bedeutung und versank für Jahrhunderte im Dunkel der Geschichte. Erst im letzten Jahrhundert wurde es durch englische Reisende ›wiederentdeckt‹: ein ärmliches, durch die Malaria gequältes Dorf mit wenigen Dutzend Einwohnern. Heute ist Sovana ein ruhiger kleiner Ort in schöner landschaftlicher Umgebung. Man meint, noch die »besondere Schönheit, die zugleich melancholisch, streng und machtvoll ist«, zu verspüren, von welcher der italienische Schriftsteller Nicolosi sprach. Besondere Anziehungspunkte sind die etruskische Nekropole – durch die unser Wanderweg führt – und die romanischen Kirchen des Ortes.

Die Etruskergräber stammen vor allem aus dem 3. bis 1. Jh. v. Chr. Der Wanderweg führt zunächst zur **Tomba Ildebranda.** Sie entstand um 200 v. Chr. Ihr repräsentativer Außenbau in der Form eines Tempels wurde aus einem großen Tuff-Felsen herausgearbeitet und dann mit einer Stuckglasur überzogen, auf die Farben aufgetragen wurden. Die Grabkammer unterhalb des Scheintempels war nur für eine Person gedacht – gewiß für einen Machthaber, denn anders ließe sich die Größe des Monuments kaum erklären. Erhalten blieben der Kern des Tempelbaus, eine Säule und elf Säulenstümpfe des Umgangs, ein Teil des Frieses

sowie Reste der Bemalung. Rechts neben dem Hildebrandsgrab befindet sich ein Grab des 4. Jh. mit *Dromos* (Zugangsweg) und schöner, fein gearbeiteter Decke.

Die **Tomba del Tifone** (2. Jh. v. Chr.) hat die Form eines Hauses. An der stark verwitterten Fassade sieht man die Reste eines aus dem Tuff geschlagenen Kopfes.

Dem Wanderweg folgend, erreicht man den **Cavone,** eine in den Tuff geschlagene Etruskerstraße. Im oberen Teil der Felswand erblickt man einfache etruskische Gräber, in der Mitte Nischen, in denen sich im Mittelalter Madonnenbilder befanden. Die **Halbwürfel-Gräber** *(Tombe a semidado),* zu denen der Weg als nächstes führt, sind aus dem Fels geschlagene, an einer Seite mit ihm verbundene kubische Grabkammern, die zum Teil noch die Reste früherer Verzierungen aufweisen. Schließlich folgt die **Tomba della Sirena** (3.–2. Jh. v. Chr.), das Sirenengrab. Oberhalb des Eingangs die Skulptur der Sirene (in Wirklichkeit wohl eine Skylla) mit zwei Fischschwänzen; rechts und links – kaum noch zu erkennen – zwei geflügelte nackte Gestalten.

Am Rand der heutigen Ortschaft erreicht man zuerst den romanischen Dom **Santi Pietro e Paolo.** Er stammt aus dem 12./13. Jh., bewahrt Reste einer älteren Kirche, so die einfache Krypta aus dem 8. Jh. (Eingang unterhalb der Apsis). Teilstücke aus der ersten Kirche finden sich auch an dem schönen Portal mit reicher Dekoration. Im Innenraum läßt sich der Übergang von der Romanik zur Gotik verfolgen. Schöne Kapitelle, unter denen das mittlere auf der linken Seite einen reichen Figurenschmuck zeigt. Zahlreiche biblische Geschichten sind hier auf en-

Das monumentale Etruskergrab »Tomba Ildebranda« bei Sovana

gem Raum zusammengedrängt: das Opfer Isaaks, Daniel in der Löwengrube, der Gang durch das Rote Meer, Adam und Eva im Paradies u. a. Im rechten Seitenschiff befinden sich das Grabmal des heiligen Mamiliano (15. Jh.) und eine römische Grabstele. Der Taufbrunnen stammt aus dem Jahr 1484.

Am Hauptplatz, der **Piazza del Pretorio,** steht eine Reihe historischer Gebäude: die Ruinen der Kirche San Mamiliano auf den Grundmauern eines etruskisch-römischen Gebäudes, der Palazzo Bourbon del Monte aus dem 17. Jh., die Loggia del Capitano mit großem Medici-Wappen und der romanische, im 15. Jh. umgebaute Palazzo Pretorio. Der interessanteste Bau ist die Kirche **Santa Maria.** Sie stammt (mit Aus-

nahme des Glockenturms) aus dem 12./13. Jh. und beherbergt ein ungewöhnliches Kunstwerk: einen langobardischen Altarbaldachin aus dem 8./9. Jh., der aus einer älteren Kirche hierher gebracht wurde. Die schöne Dekoration zeigt Flechtbandornamente, Blattwerk, Trauben, Pfauen, Sonnen. In der Kirche finden sich auch mehrere Renaissance-Fresken, darunter eine Verkündigungsszene (in der Kapelle gegenüber vom Eingang).

Außer den an der Wanderstrecke liegenden Etruskergräbern befinden sich zahlreiche weitere Gräber in der Umgebung Sovanas, insbesondere im Osten des Ortes (Monte Rosello; italienischsprachige Beschreibung und nähere Informationen in Geschäften in Sovana).

85

Der Ort auf dem Felsen

Von Sovana nach Pitigliano

Nach einem Abstecher zur etruskischen Nekropole Folonia öffnet sich der Blick zurück auf Sovana vor dem Hintergrund der Berge. Auf Etruskerpfaden und uralten Fahrspuren geht es weiter; am Wege liegen jahrtausendealte Grabkammern. Durch ein Stadttor erreicht man schließlich Pitigliano mit seinen engen Gassen, Brunnen, Torbögen, das großartig auf einem Felsen thront.

DIE WANDERUNG IN KÜRZE		
++ Anspruch	**Charakter:** Die Wanderung ist nicht anstrengend, verläuft aber streckenweise auf schmalen, steinigen Pfaden in Tuffschluchten. Fahrwege und Pfade, 15 Min. auf einem Asphaltsträßchen ohne Verkehr	werktags 13.25 Uhr, Fahrzeit 25 Min. **Hinweise:** Bitte schließen Sie mit Rücksicht auf die Bauern alle Gatter am Wege sorgfältig!
2.30 Std. Gehzeit		
8 km Länge	**Markierung:** rot-weiß	
	Einkehrmöglichkeiten: In Sovana und Pitigliano	
	Rückfahrt zum Ausgangspunkt: Pitigliano–Sovana	

Man verläßt **Sovana** in östlicher Richtung auf der Straße nach Sorano, biegt am Ortsausgang, hinter der Burg Rocca Aldobrandini, in eine nach rechts abwärts führende Straße (Wegweiser: »Necropoli etrusca«). Von der Straße zweigt nach wenigen Metern nach links ein Pfad zur **Nekropole Folonia** ab (Hinweisschild). Der Abstecher (hin und zurück 15 Min.) ist unbedingt empfehlenswert! Ein schmaler Pfad führt oberhalb eines rauschenden Baches zwischen Tuff-Felsen aufwärts. Nach 5 Min. erreicht man die Felsgräber aus dem 2.–1. Jh. v. Chr. Sie sind stark beschädigt, man erkennt im Tuffgestein über den Grabkammern aber noch Reste des Reliefschmucks.

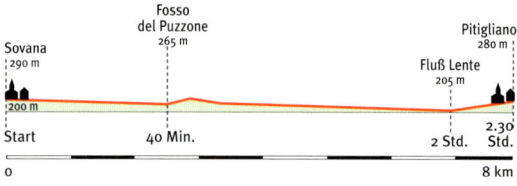

Sovana
290 m · Start

Fosso del Puzzone
265 m · 40 Min.

Pitigliano
280 m

Fluß Lente
205 m · 2 Std.

2.30 Std.

0 · 8 km

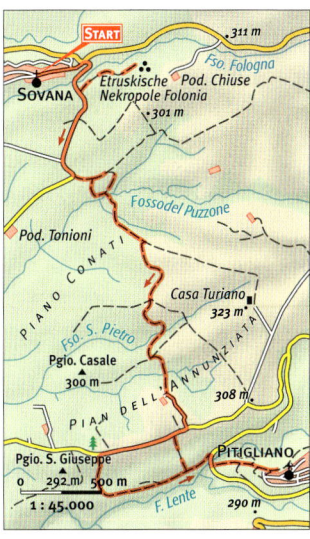

Zurück zur Straße und weiter zunächst zwischen Tuff-Felsen, dann mit Blick auf Sovana. Nach knapp 15 Min. auf dem Sträßchen geht man in einer scharfen Rechtskurve geradeaus in einen kleineren, abzweigenden Weg. 50 m danach biegt man nach rechts in einen abwärts führenden Weg (Fahrspuren im Tuff).

Achtung: Das folgende Wegstück ist bei feuchtem Untergrund schwierig zu passieren. In diesem Fall geht man noch 100 m weiter geradeaus, biegt dann in eine Fahrspur nach rechts und findet einen abwärts führenden Weg, auf dem man zu einer Wiese gelangt. Man überquert die Wiese auf einem schmalen Pfad und erreicht den Übergang über den Bach **Fosso del Puzzone** (40 Min.).

Auf schmalem Weg zwischen Tuff-Felsen gelangt man nach 5 Min. zu einer freien Fläche im Tal, geht oberhalb eines Baches – des **Fosso del Puzzone** – 50 m nach links, dann nach rechts über den Bach (40 Min.). In fünf Minuten gelangt man zu einem weiteren Bachübergang, steigt dann zwischen Felsen und Gebüsch auf einem Hohlweg an bis zu einer Hochfläche. Hier nimmt man bei einer Wegverzweigung hinter einer großen Eiche den schmalen rechten Pfad in südlicher Richtung. Nach gut 5 Min. biegt der Pfad nach links, gleich darauf geht man bei einer Wegkreuzung auf einer Lichtung scharf nach rechts. Man kommt durch ein Gatter zu einem breiteren Weg, folgt ihm 15 Min. nach Süden bis zu einem Querweg. Hier nach rechts und nach 50 m wieder nach rechts.

Abkürzung: Nach weiteren 100 m weist die rot-weiße Markierung in einen Pfad nach links. Wählt man diese Variante, so steigt man auf dem Pfad hinab zur Straße, geht dann rechts und biegt hinter der Lente-Brücke in die Via Cava della Tombolina (s. letzter Absatz der Wegbeschreibung).

Reizvoller ist die folgende Route: Auf dem breiten Fahrweg weiter in westlicher Richtung. Nach knapp 15 Min. zweigt eine Zufahrt zu einem Haus nach links ab (rotes Tor); man geht hier weiter geradeaus. Einige Minuten später wendet man sich in einen kleinen Fahrweg nach links (100 m vor einer einzeln stehenden Zypresse; an der Ecke ein Briefkasten »Rinaldi/Ragnini«). Nach knapp 5 Min. nimmt man einen schmaleren Weg nach links (kurz vor einer Rechtskurve des Hauptweges). Dieser schmalere Weg führt nach 50 m in einer Linkskurve zwischen Tuff-Felsen abwärts. Auf einem herrlichen, in den Tuff geschlagenen Pfad oberhalb des Lente-Tals hinab zum

*Im mittelalter-
lichen Pitigliano*

Flüßchen **Lente,** das man bei einer **Straßenbrücke** erreicht (2.05 Std.).

Man geht nach rechts über die Brücke, biegt 100 m danach – beim Kilometerstein 0,9 – in einen nach links abzweigenden Pfad (Via Cava della Tombolina). Ansteigend erreicht man das alte Stadttor Porta di Sovana und geht durch den mittelalterlichen Ortskern auf der Via Aldobrandini und der Via Generale Orsini ins Zentrum von **Pitigliano** (2.35 Std.).

Pitigliano

Mittelalterliches Städtchen mit einer Reihe von Gebäuden der Renaissance und Spätrenaissance. Beeindruckend ist die Lage des Ortes auf einem Tuff-Felsen oberhalb zweier an dieser Stelle zusammentreffender Schluchten. Der Ort war bereits in etruskischer und römischer Zeit besiedelt, wurde im Mittelalter Bischofssitz.

Palazzo Orsini (im 14. Jh. errichtet, im 15. und 16. Jh. vergrößert und umgebaut); **Dom** (im Mittelalter erbaut, im 16. und 18. Jh. verändert; barocke Fassade). – Pitigliano ist ein wichtiges Zentrum des Weinhandels und der Weinproduktion *(Bianco di Pitigliano).*

Über dem Golf von Baratti

Von Ghiaccioni zur Nekropole Populonia

Durch dichten mediterranen Buschwald geht es über das kleine Vorgebirge von Piombino ins mittelalterliche Populonia. Ein Abstecher führt zu einer Steilküste von unerwarteter Wildheit und Einsamkeit. Der Golf von Baratti ist eines der schönsten toscanischen Ufer: eine weitgeschwungene Bucht mit Stränden, ausladenden Schirmpinien, dümpelnden Booten und nur wenigen Häusern.

DIE WANDERUNG IN KÜRZE

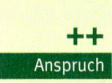

++
Anspruch

3.15 Std.
Gehzeit

13 km
Länge

Charakter: Mittelschwer. Schmale Pfade im Buschwald, Fahrwege, 20 Min. auf Asphalt. Mit dem Abstecher zur Küste verlängert sich die Wanderung um 50 Min.

Einkehrmöglichkeiten: Bars in Populonia und am Golf von Baratti, Restaurant am Golf von Baratti

Anfahrt: Mit dem Bus: Von Piombino (Hauptbahnhof) Stadtbusse Nr. 1 oder 2 a (jeweils stündlich ab 7.47 bzw. 7.49) nach Ghiaccio-

ni. Bei der Endstation *(Capolinea)* beider Linien beginnt der Wanderweg. Golf von Baratti–Piombino: 13.15 Uhr werktags, 14.20 Uhr werktags (nicht während der Schulferien), 16.20 Uhr Mo–Fr. Fahrkarten kauft man am besten bereits in Piombino (Tabacchi-Geschäfte).

Öffnungszeiten: Nekropole Populonia Apr.–Sept. 9–19 Uhr, März/Okt. 9–17 Uhr, Nov.–Febr. 9–14 Uhr, ganzjährig Di geschl.

Bei der Bus-Endhaltestelle in **Ghiaccioni** nimmt man den vom Wendeplatz in östlicher Richtung wegführenden breiten, ebenen Weg. Er beschreibt sofort eine Linkskurve. Nach 20 m zweigt man nach links auf einen schmaleren, nach Westen ansteigenden Weg ab, der an drei Eukalyptusbäumen linker Hand vorbeiführt. Auf der Höhe, nach etwa 5 Min. Anstieg, biegt der Weg nach Norden und gabelt sich; man geht rechts. Man bleibt nun immer auf dem sich etwas verengenden Hauptweg, der durch artenreichen Buschwald bergan führt. Hier und da werden durch das Buschwerk die Küste und die Insel Elba sichtbar. Nach rund 35 Min. säumen einige Korkeichen den Weg. Ein weiteres Wegstück führt durch die Macchia. Noch einmal wird das Meer sichtbar, dann verbreitert sich der Weg und steigt in Richtung einer Kuppe mit einem rot-weißem Sendemast an. Man bleibt weiter auf dem Hauptweg. Dieser senkt sich an der Kuppe vorbei und führt zur Ruine des Kirchleins **San Quirico** (1.15 Std.).

Bei der Gabelung hier bleibt man auf dem breiten Weg geradeaus (der linke der beiden Wege) und geht in nordwestlicher Richtung bis zur Zufahrtsstraße nach Populonia, die man bei einem Bergsattel mit Blick auf den alten Ort erreicht. Das aussichtsreiche Sträßchen führt in gut 10 Min. nach **Populonia** (1.45 Std.). Nach der Besichtigung der mittelalterlichen Ortschaft wandert man auf gleichem Weg zurück bis zum Bergsattel, bei dem man auf dem Hinweg auf die Straße traf.

Von hier bietet sich der **Abstecher** zur Küste an (hin und zurück 50 Min.): Man biegt in der Linkskurve der Straße nach rechts und überquert eine Wiese mit Fahrspuren bis zu einem Zaun, über den zwei Holzstiegen hinwegführen. Man klettert über die rechte (nördliche) der beiden Stiegen, nimmt danach einen Pfad nach rechts. Er führt einige Meter durch Buschwald, biegt dann nach links und senkt sich zur **Küste** hin (vereinzelte weiß-gelbe Markierungen und weiße Pfeile). Der Pfad führt bald wieder in dichten Buschwald, passiert einige einfache Etruskergräber rechter Hand und endet 20 m über dem Meer. Die Erosion hat hier eine bizarre Fels-

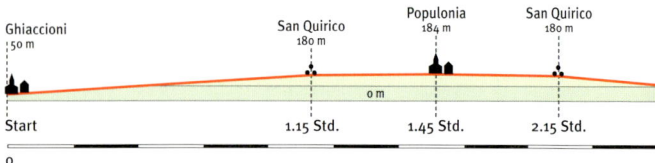

Ghiaccioni
50 m

Start

San Quirico
180 m

1.15 Std.

Populonia
184 m

0 m

1.45 Std.

San Quirico
180 m

2.15 Std.

0

Blick auf den Golf von Baratti

wald abwärts. Bei einer Abzweigung nach knapp 10 Min. weist die rote Markierung nach rechts; hier geht man ohne Markierung geradeaus weiter. Nach weiteren 10 Min. auf dem Waldpfad gelangt man zu einem Zaun mit einer Holzstiege. Hinter dem Zaun folgt man einem breiten Weg nach links.

Nochmals ein kurzer Anstieg, dann führt der Weg über einen karg bewachsenen Hang abwärts in Richtung auf eine Kuppe mit einem hölzernen Turm. Bei einem Querweg am Fuß dieser Kuppe biegt man nach links, wandert ein Stück durch ein Wäldchen, geht danach mit Blick zum Golf von Baratti hangabwärts bis zu einem Querweg vor einem Hausgrundstück (knapp 3 Std.). Man folgt dem breiten Weg nach links und gelangt in 20 Min. zum **Golf von Baratti** und der etruskischen **Nekropole** von Populonia. Die Bushaltestelle für die Rückfahrt nach Piombino befindet sich an der Uferstraße 200 m zur Linken.

landschaft entstehen lassen. – Auf dem gleichen Weg kehrt man zur Straße nach Populonia zurück.

Vom Bergsattel kann man, auf dem Sträßchen bleibend, in 30 Min. direkt zum Golf von Baratti gelangen; der nachfolgend beschriebene Weg ist schöner und länger. Man folgt für weitere 20 Min. dem Hinweg bis zum Kirchlein **San Quirico** (2.15 Std.). Vor der Kirche biegt man nach links auf einen mit roten Punkten markierten Waldweg. 100 m weiter nimmt man einen nach rechts abzweigenden Pfad (rot markiert). Dieser führt durch dichten Busch-

Populonia

Die Ortschaft war bereits in der Eisenzeit (9. Jh. v. Chr.) besiedelt und hieß unter den Etruskern *Pupluna*. Sie zählte als Industrie- und Hafenstadt zu den bedeutendsten etruskischen Zentren. Die heutige Ansiedlung geht auf das 14. Jh. zurück. Am Ortseingang befindet sich eine mittelalterliche Burg. Das kleine etruskische Museum zeigt Funde aus der nahegelegenen Nekropole.

Golf von Baratti
3 m

3.15 Std.

13 km

Etruskische Nekropole Populonia

Das Gebiet der Nekropole wurde in späteren Jahrhunderten von den Etruskern zur Eisenverhüttung genutzt; man hat hier, in der wichtigsten bekannten Industriezone des alten Etrurien, die Schlacken aus hunderten von kleinen Hochöfen gefunden. Die Gräber wurden in mühevoller Arbeit zu Beginn dieses Jahrhunderts unter Metallrückständen freigelegt. Besonders bemerkenswert sind die **Tomba dei Flabelli** (7. Jh. v. Chr.), in deren Grabkammer man noch die Steinbänke für die Sarkophage sieht, und die **Tomba a edicola** (5. Jh. v. Chr.) im Stil eines kleinen Tempels.

Etruskergrab in der Nekropole Populonia

Macchia am Meer

Im Naturpark der Maremma

Südlich von Grosseto hat sich eine einzigartige Küstenlandschaft erhalten. Hier steht auf einer Fläche von 70 km^2 kein bewohntes Haus, nur einige mittelalterliche Wachttürme und die Ruinen eines Klosters. Die Stille dieser Landschaft ist kaum vorstellbar. Nirgendwo sonst in der Toscana läßt sich in vergleichbarer Weise erleben, wie die Mittelmeerküste vor der touristischen Erschließung aussah.

DIE WANDERUNG IN KÜRZE

++
Anspruch

4.30 Std.
Gehzeit

11 km
Länge

Charakter: Mittelschwer; einfachere Variante gut 2 Std. Meist steinige Pfade, 30 Min. (Variante 50 Min.) auf unbefahrenem Asphaltsträßchen

Markierung: Die Wege sind als »Itinerario 1« bzw. »Itinerario 2« ausgeschildert und gut markiert.

Wanderkarte: Multigraphic »Parco dell'Uccellina / Monte Argentario«. Eine Kartenskizze mit den markierten Wanderwegen ist am Eingang erhältlich.

Einkehrmöglichkeiten: Nur in Alberese; unterwegs auch kein Trinkwasser!

Anfahrt: Bus Grosseto–Alberese (Parkeingang) nur werktags! Stadtbus Grosseto (autobus urbano) Nr. 15 und 16, ab Bahnhof 7.50, 9.50, 11.55, 13.15, 14 Uhr. Rückfahrt Alberese–Grosseto 12.35, 13.50, 15, 18.05 Uhr. Fahrzeit 30 Min. Vom Parkeingang zu jeder vollen Stunde ein Bus nach Pratini (Fahrzeit 15 Min.).

Öffnungszeiten: Vom 1.10. bis 14.6. ist der Park Mi und Sa von 9 Uhr bis Sonnenuntergang frei zugänglich, an den anderen Wochentagen muß man sich gegenwärtig (Frühjahr 2000) einer Führung anschließen. Vom 15.6. bis 30.9. ist der Park grundsätzlich nur auf geführten Rundgängen (auch auf deutsch) zugänglich. Auskunft und Anmeldung: ☎ 05 64 40 70 98, Fax 05 64 40 72 78.

Vom Parkeingang in **Alberese** fährt man mit dem Bus in den Park nach **Pratini**. Hier biegt man nach links auf den ausgeschilderten »Itinerario 1«. Der Weg steigt im Buschwald an. Bald wird der Blick frei auf das Meer, die Inseln Elba, Giglio und Montecristo, die Wachttürme Collelungo und Castelmarino, die Ombrone-Mündung – ein Panorama, das sich unter wechselnden Perspektiven auf der Wanderung immer wieder bietet. Weiterer Anstieg bis zum **Poggio Lecci**, dem höchsten Punkt der Monti dell'Uccellina (1.40 Std.). Wenige Schritte hinter der Anhöhe eine Wiesenfläche mit besonders schöner Aussicht; links wird jetzt auch der Monte Argentario sichtbar.

Zehnminütiger Abstieg zu den Ruinen des Klosters **San Rabano**. Es wurde vermutlich im 12. Jh. gegründet und im 15. Jh. aufgegeben. Der Festungscharakter der einsam gelegenen Anlage ist noch erkennbar, obwohl die meisten Mauern eingestürzt sind. Gut erhalten blieben der romanische Glockenturm, die Kirchenfassade und die Apsis.

Vor dem Kloster biegt der Weg Nr. 1 nach rechts (Wegweiser). Man folgt diesem ausgeschilderten Weg, der als Pfad in der Macchia zunächst eben verläuft, dann für eine längere Strecke absteigt; gelegentlich bieten sich schöne Ausblicke auf das Meer. Schließlich erreicht man einen Olivenhain und gleich darauf ein Sträßchen (50 Min. ab San Rabano und 2.40 Std. ab Ausgangspunkt).

Man geht auf dem Sträßchen nach rechts. Geradeaus gelangt man in 20 Min. wieder zur Bushaltestelle Pratini. Die Wanderung führt aber nach wenigen Minuten nach links durch ein Gatter in einen Waldweg (Schild »Itinerario No. 2, Le Torri«). Bei einer Gabelung im Wald geht man nach rechts, Anstieg zum Wachtturm **Castelmarino** (3 Std.). Erneut fantastisches Küstenpanorama. Die Wachttürme Castelmarino und Collelungo aus dem 15. Jh. sind Teile des Verteidigungssystems der

Republik Siena an der Küste zwischen Castiglione della Pescaia und Talamone.

Vor dem Turm nach links, Abstieg auf felsigem Pfad zu einem großen Platz unter Pinien. Nach rechts, gleich wieder links, zum Wendekreis am Ende des Sträßchens, rechts zum **Strand** (3.30 Std.). Am Strand geht man nach links, passiert einen Felsen direkt am Ufer, biegt dann wieder nach links, steigt auf zum Turm **Collelungo** (3.45 Std.). Um den Turm herum, dann nach links abwärts und zum Sträßchen. Nach rechts, auf dem Sträßchen zurück zum Ausgangspunkt (4.30 Std.).

Variante (kürzerer Rundweg)

Wer im Naturpark nur eine kurze Wanderung durchführen möchte, sollte sich auf den »Itinerario 2« beschränken, der die schönsten Panoramen bietet und durch abwechslungsreiche Vegetation direkt ans Meer führt. Kleiner Nachteil dieses Weges: Man geht rund 50 Min. lang auf Asphalt, allerdings auf völlig unbefahrener Straße.

Von der Bushaltestelle Pratini geht man auf dem Sträßchen geradeaus weiter. Nach 20 Min. rechts durch ein Gatter auf den ausgeschilderten »Itinerario No. 2, Le Torri«. Ab hier weiter wie im zweiten Teil der beschriebenen Rundwanderung.

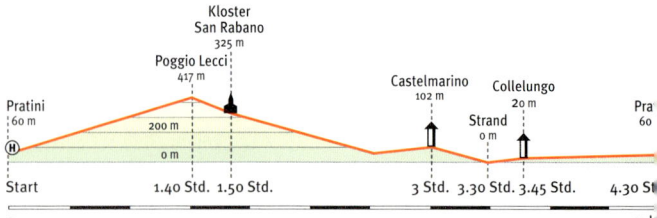

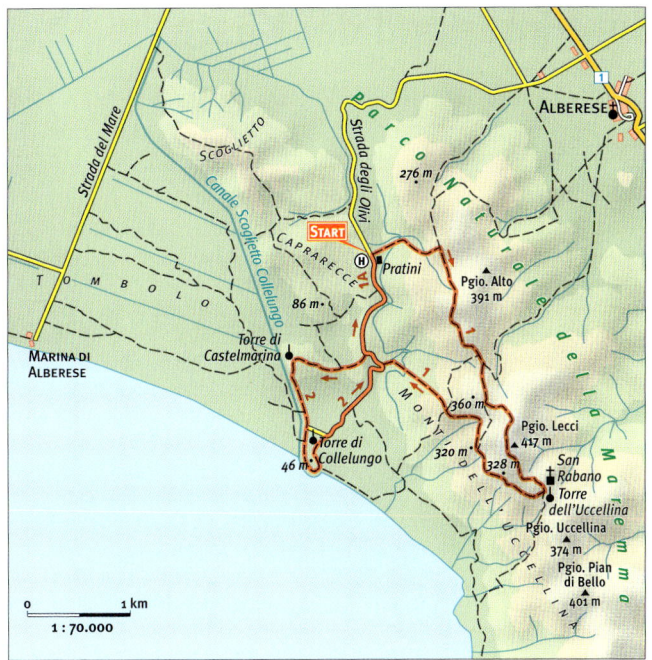

Flora und Fauna im Naturpark der Maremma

Die Monti dell'Uccellina – der Höhenzug, der den größeren Teil des Naturparks der Maremma einnimmt – sind fast vollständig von mittelmeerischem Buschwald, der **Macchia,** bedeckt. Alle typischen Macchia-Pflanzen sind hier vertreten, darunter Steineiche und Steinlinde, Erdbeerbaum, Mastix-Pistazie, Baumheide, Ginster, Rosmarin, Lorbeer, Myrte und Zistrose. Die Hauptblütezeit liegt im Mai/Juni; dann entfaltet der Buschwald auch starke Pflanzenaromen.

Neben der Macchia finden sich in Ufernähe auch **Pinienwälder** mit Strandkiefern und Schirmpinien sowie an besonders sonnigen Stellen Zwergpalmen. In höher gelegenen, kühleren Bereichen stehen Ahorn, Ebereschen und Buchen.

Zahlreiche **Wasservögel** überwintern im Park; in der kalten Jahreszeit hat man fast 150 Vogelarten gezählt. Viele Vögel leben ganzjährig hier, darunter Fischadler, Reiher, Regenpfeifer, Wasserhühner, Stockenten. Auch **Säugetiere** sind im Park häufig; dazu gehören u. a. Wildschweine, Hirsche, Rehe, Stachelschweine, Füchse, Wildkatzen, Marder und Wiesel. Wanderer werden allerdings meist nur den frei umherlaufenden Maremma-Rindern begegnen, die mit ihren geschwungenen Hörnern bedrohlich wirken, aber friedlich zur Seite trotten, nachdem sie die Passanten eingehend betrachtet haben.

Im Hinterland der Küste

Von Campiglia Marittima nach Suvereto

Campiglia Marittima und Suvereto sind den wenigsten Reisenden bekannt, obwohl beide Orte mittelalterliche Stadtbilder aufweisen. Vor allem Campiglia Marittima gehört zu den verborgenen Schätzen der Toscana. Ein aussichtsreicher Wanderweg durch das Hügelland der Maremma Pisana verbindet die atmosphärisch reizvollen Städtchen.

DIE WANDERUNG IN KÜRZE

++
Anspruch

3 Std.
Gehzeit

8 km
Länge

Charakter: Mittelschwer; die kurze Überquerung eines Geröllhangs verlangt Trittsicherheit. Überwiegend bequem zu gehende Fahrwege; 30 Min. auf schmalem, teilweise steinigem Pfad

Markierung: Bis Monte Calvino keine Markierung. Von Monte Calvino bis Crocino blaue Balken und Pfeile, von Crocino bis Suvereto gelbe Balken

Einkehrmöglichkeiten: In Suvereto und Campiglia Marittima

An- und Abfahrt: Ausgangspunkt bei der Anfahrt mit **öffentlichen Verkehrsmitteln** ist sinnvollerweise der Bahnhof Campiglia Stazione (D-Zug-Halt an der Strecke Pisa–Rom), mit dem **Pkw** entweder ebenfalls Campiglia Stazione oder Venturina an der Via Aurelia, 5 km südlich von Campiglia Marittima. **Hinfahrt:** Busse Campiglia Stazione –Campiglia Marittima (z. T. Umsteigen in Venturina!) werktags stündlich 8.28, 9.28 Uhr usw., So u. Fei 11.20, 14.45 Uhr. Alle Busse halten ca. 5 Min. später auch in Venturina an der Hauptstraße Via Indipendenza. **Rückfahrt:** Suvereto–Venturina– Campiglia Stazione werktags stündlich 13.15, 14.15 Uhr usw., So u. Fei 12.55, 16.30, 20.55 Uhr. Fahrkarten an der Bar des Bahnhofs und in Tabacchi-Geschäften.

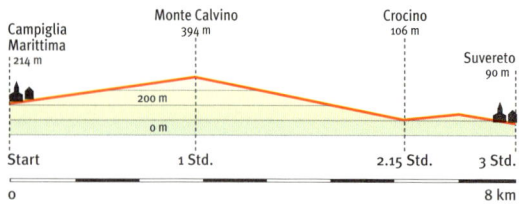

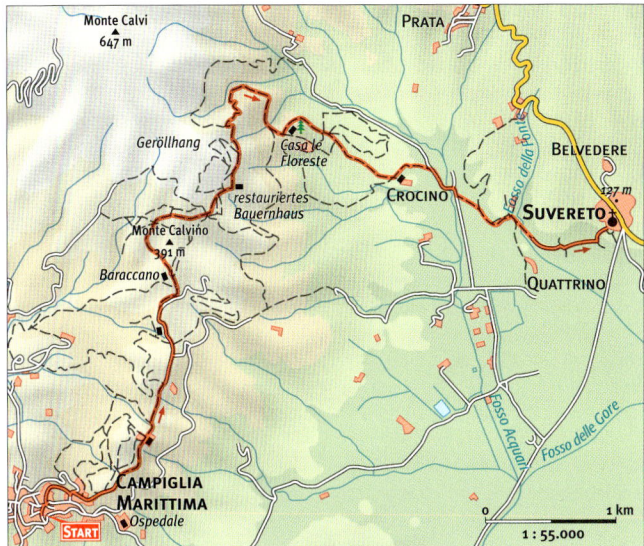

Im alten Ortskern von **Campiglia Marittima** steigt man von der zentralen Piazza della Repubblica auf der Via Cavour an. Man passiert das wappengeschmückte Rathaus *(Palazzo Pretorio)* und verläßt das historische Zentrum durch die Porta Pisana. Hinter dem Stadttor folgt man der Via 25 Luglio 1943 in einem Rechtsbogen bis zur Hauptstraße östlich unterhalb der Burg (Rocca).

Man überquert die Hauptstraße, geht auf einem Sträßchen in südöstlicher Richtung bergan (Wegweiser »Parco Pubblico«). Nach wenigen Minuten endet die Asphaltierung. Mit schöner Aussicht geht es weiter auf dem hoch am Hang verlaufenden Fahrweg. Beim Zurückblicken schaut man auf die Küste und Elba, in Gehrichtung kurz auf Suvereto, das Ziel der Wanderung. Man folgt dem Hauptweg, der eben oder leicht ansteigend verläuft. Man geht zwischen einem Bauernhof und einem Lagerschuppen hindurch (25 Min.), passiert wenig später ein weiteres Haus. Der Weg beschreibt schließlich eine deutliche Linkskurve, führt dabei unter einer niedrigen Leitung mit hellen Betonmasten hindurch und führt auf ein ockerfarbenes Haus zu (45 Min.). Zur Linken wird erneut kurz die Küste sichtbar.

50 m hinter dem Haus hält man sich bei einer Gabelung links. Der Weg führt durch ein niedriges Wäldchen und gabelt sich erneut. Man hält sich rechts, kreuzt einen Querweg und steigt noch einige Minuten bis zu einem Sattel unterhalb der kargen Kuppe des **Monte Calvino** (1 Std.) an.

Man folgt weiter dem Hauptweg geradeaus, der sich kurz senkt und 200 m nach dem Sattel nach links aufwärts biegt. An dieser Stelle verläßt man den Hauptweg und nimmt den schmaleren Weg geradeaus (Markierung ab hier: blauer Balken, blaue Pfeile). Der Weg passiert eine Absperrung für Fahrzeuge und endet nach ca. 200 m bei einem restaurierten alten Steinhaus mit schönem Küstenpanorama. 20 m vor dem Gebäude schlägt man einen Pfad nach links ein. Der Pfad führt am Hang durch Buschwald und gabelt sich nach 5 Min.; man hält sich links, steigt an.

Man überquert eine niedrige Kuppe und geht danach auf einer Strecke von 50 m über einen Geröllhang (1.15 Std.; Vorsicht, damit keine Steine losgetreten werden!). Anschließend verläuft der Pfad wieder im Buschwald. Bei einem Querpfad biegt man nach rechts und steigt auf einem abschüssigen Waldpfad parallel zu einem Bacheinschnitt linker Hand bis zum Talgrund ab. Der Pfad führt an der rechten Seite des Tals weiter abwärts. Er geht dann in einen breiten Weg über, der nach rechts vom Bach wegbiegt. Man folgt diesem Weg für etwa 10 Min. (Bei einem nach wenigen Minuten links wegführenden Weg geht man geradeaus weiter.) Man kommt zu einem breiten Querweg (1.45 Std.). und geht hier nach links abwärts.

Nach 100 m biegt man bei einer Wegkreuzung vor einer niedrigen Kuppe mit einem restaurierten Bauernhaus und einigen Zypressen wieder nach links. Auf einem breiten Weg bergab. Von rechts mündet ein Weg vom Anwesen Le Foreste ein; kurz darauf folgt ein Abzweig nach links, an dem man sich rechts hält. Der Weg senkt sich durch Wiesen, Schafweiden und Olivenhaine nach Südosten. Bei einem Querweg vor einem Bauernhaus biegt man nach links ins Tal. Dort trifft man auf einen breiteren Querweg und folgt ihm nach rechts. Wenige Minuten später passiert man einen kleinen Marienaltar links vom Weg bei dem Platz **Crocino** (2.15 Std.).

20 m hinter dem Marienaltar zweigt man nach links auf einen Feldweg (gelbe Markierung, Wegweiser »Suvereto«). Der Weg steigt etwas an. In einer deutlichen Linkskurve ca. 20 m vor einer kleinen Kuppe wendet man sich nach rechts auf einen Pfad. Nach 10 m biegt man nach links, geht in einem Wäldchen abwärts zu einem Bach. An der rechten Seite des Baches wandert man am Wiesenrand an einem Gebüsch entlang, passiert einen Brunnen und stößt schließlich auf einen Fahrweg. Man biegt nach rechts und nach 50 m bei einem breiteren Weg nach links (2.45 Std.).

Auf diesem Weg zwischen einigen neueren Häusern erreicht man eine Straße beim Ortsrand von **Suvereto.** Auf der Straße nach links, in 5 Min. – an der Busstation vorbei – zum alten Ortskern (3 Std.).

Campiglia Marittima

Hervorragend erhaltene mittelalterliche Kleinstadt mit alten Gassen, steinernen Häusern, Treppenwegen und Torbögen. Die Burg (Rocca) stammt aus dem 12./13. Jh. Das mittelalterliche, in späteren Jahrhunderten mehrfach umgebaute Rathaus (Palazzo Pretorio) zeigt an der Fassade zahlreiche Wappen von Bürgermeistern der Renaissance-Zeit.

Suvereto

Auch Suvereto hat ein weitgehend mittelalterliches Stadtbild. Gut erhalten sind die Stadtmauern und das Stadttor. Unmittelbar vor den Mauern steht am südlichen Stadtrand die romanische Kirche San Giusto mit reichgeschmücktem Portal. Bemerkenswert sind auch das Rathaus (Palazzo Communale) aus dem 13. Jh., der kleine San Francesco-Kreuzgang und die Ruinen der Burg.

Felswildnis über grünen Tälern

In den Apuanischen Alpen bei Pietrasanta

Dichte Mischwälder bedecken die Flanken der südlichen Apuanischen Alpen. Darüber erheben sich steile Wände und Felstürme, die dem Gebirge einen ausgesprochen alpinen Charakter verleihen. Die Wanderung führt zum isolierten Felskegel des Monte Procinto, einem besonders markanten Punkt dieser Region. Geübte Wanderer können einen Abstecher zum Aussichtsberg Monte Nona machen.

DIE WANDERUNG IN KÜRZE

++

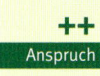
Anspruch

2.45 Std.
Gehzeit

7 km
Länge

Charakter: Mittelschwer; die Variante über den Monte Nona (5.15 Std insgesamt) verlangt Trittsicherheit und Schwindelfreiheit. Gute Waldwege und Bergpfade

Markierung: Rot-weiß, wechselnde Numerierung

Wanderkarte: Multigraphic Nr. 101/102 »Alpi Apuane« 1 : 25 000

Einkehrmöglichkeiten: In Stazzema sowie beim Rifu-gio Forte dei Marmi und in der Berghütte La Baita. Beide Hütten sind nicht immer geöffnet.

An- und Abfahrt: Busverbindung Pietrasanta–Stazzema werktags 10, 13 und 14 Uhr, Rückfahrt Stazzema–Pietrasanta 13.40, 14.45, 17.35 Uhr (jeweils Umsteigen in Ponte Stazzemese). So und Fei keine Verbindung. Pietrasanta liegt an der **Bahnstrecke** Pisa–La Spezia.

Die Wanderung beginnt in **Stazzema** an der kleinen Piazza Umberto I. Man durchquert den Ort auf der Hauptgasse in östlicher Richtung, geht am Brunnen Fontana di Carraia und dem Albergo Procinto vorbei, folgt dann der Via Renzo Sberna. Auf einem asphaltierten Weg verläßt man das Dorf, steigt an zu einer Querstraße (15 Min.) und geht auf ihr nach links. Die Straße beschreibt nach 100 m eine scharfe Rechtskurve. Nach weiteren 100 m zweigt man nach rechts auf einen Waldweg ab (rot-weiße Markierung, Weg Nr. 5/6, Wegweiser »Monte Forato«). Der Weg steigt an und beschreibt erneut eine Rechtskurve. Bei der gleich darauf folgenden Gabelung hält man sich auf dem markierten Weg Nr. 6 links.

Es geht im Wald auf einem meist steingepflasterten Maultierweg stetig bergauf. Vor einem kleinen Gebäude zur Linken (45 Min.) beschreibt der Weg einen Rechtsbogen und gelangt, etwas steiler ansteigend, zu einem Haus mit schönem Meerblick. Man passiert ein weiteres Grundstück, wandert ein Stück unterhalb der im Osten aufragenden Steilwand des Monte Procinto und erreicht das Anwesen **Aglieta** (Holzschild, 1.10 Std.) mit guter Sicht auf

den höchsten Berg dieses Teils der Apuanischen Alpen, den Pania della Croce (1858 m).

Es folgt ein ebenes Wegstück im Wald. An seinem Ende biegt man scharf nach rechts auf den Weg Nr. 121 (Hinweisschild: »Per la Baita«). Der Weg steigt im Wald an. Bei einer Gabelung hält man sich links und gelangt zu einem Aussichtsplatz mit weitem Blick zur Küste. Von hier geht man nach links abwärts zur Berghütte La Baita. Hinter der Hütte folgt man einem absteigenden Waldpfad, erreicht in 5 Min. einen Brunnen und dahinter einen Querweg. Sich links (geradeaus) haltend, kommt man in weiteren 5 Min. zum **Rifugio Forte dei Marmi** am Fuß der Steilwand des **Monte Nona** (868 m, 1.50 Std.).

Von hier können trainierte Wanderer zum Monte Nona aufsteigen

(s. Variante). Der direkte Rückweg nach Stazzema folgt zunächst für 5 Min. dem Hinweg. Bei der Gabelung vor dem Brunnen biegt man nach links abwärts (rot-weiße Markierung Nr. 5). Auf diesem nicht zu verfehlenden Maultierweg gelangt man absteigend nach ca. 30 Min. wieder auf den Hinweg und geht auf ihm zurück bis **Stazzema** (2.45 Std.).

Variante

Für den Aufstieg zum Monte Nona geht man links an den Gebäuden des Rifugio vorbei, zweigt 100 m danach nach links in den Weg Nr. 5. Dieser steigt in Serpentinen an, führt, nach Süden biegend, ein Stück exponiert unterhalb einer Felswand am Hang entlang. Danach geht es im Wald weiter bergauf. Man passiert ein Felstor und ge-

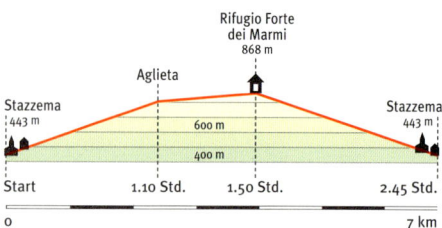

langt schließlich zum Bergsattel südlich des Monte Nona (1139 m, knapp 3 Std.). Hier wendet man sich nach links und folgt jetzt einem durch rote Punkte und blaue Striche markierten Pfad, der nach Norden auf den langgestreckten, völlig offenen Höhenrücken hinaufführt. Etwa 25 Min. nach dem Sattel erreicht man den Gipfel des **Monte Nona** (1279 m, 3.20 Std.), von dem sich herrliche Ausblicke auf die umgebende Bergwelt bieten. Man geht auf dem gleichen Weg zurück zum **Rifugio Forte dei Marmi** (4.20 Std.). Von hier nach Stazzema folgt man dem oben beschriebenen Hauptweg.

Toscanische Gebirge

Die Gebirgszüge der Toscana erreichen Höhen von 1500 bis gut 2000 m. Mit Ausnahme der schroffen und felsigen Apuanischen Alpen haben sie Mittelgebirgscharakter, sind mit Wiesen bewachsen und von ausgedehnten Wäldern bedeckt. Sie bieten zahlreiche Möglichkeiten zum Wandern. Allerdings erleben wir hier nicht die ›typische‹ Toscana der Hügellandschaften mit ihren Weinbergen, Zypressenreihen und Ölbaumpflanzungen; die Vegetation ist wegen der Höhenlage meist nicht mehr mediterran, sondern wirkt ›nordischer‹ und dunkler.

Das Bergdorf Cardoso

In den Marmorbergen

Bei Carrara

Marmor aus Carrara gilt als der schönste der Welt. Hier fand bereits Michelangelo das Material für seine Skulpturen. Doch die Arbeit in den Marmorbrüchen war – und ist – äußerst mühselig und gefährlich. Die Wanderung führt in die Marmorberge oberhalb von Carrara, eine alpine Landschaft mit steilen Graten und Felsbastionen. Man genießt weite Ausblicke auf das Meer und auf die einsame Bergwelt.

DIE WANDERUNG IN KÜRZE

++
Anspruch

2.30 Std.
Gehzeit

6 km
Länge

Charakter: Mittelschwer bis anstrengend; Waldwege und Bergpfade

Markierung: Rote bzw. rotweiße Balken, Weg Nr. 38

Wanderkarten: Multigraphic Nr. 101/102 »Alpi Apuane« 1 : 25 000

Einkehrmöglichkeiten: Bar und Restaurants in Colonnata; in Vergheto eine Schutzhütte (Rifugio Monte Sagro) mit Bar und Restaurant (Juni –Sept. tägl., sonst nur am Wochenende geöffnet)

An- und Abfahrt: Werktags 7 **Busverbindungen** zwischen Carrara und Colonnata, So u. Fei 3 Verbindungen

In **Colonnata** verläßt man den Dorfplatz (Bus-Endhaltestelle) auf der Zufahrtsstraße nach Osten, zweigt nach 20 m vor einer Trattoria nach links in eine leicht ansteigende Gasse (ab hier Wegmarkierung, Weg Nr. 38). Man erreicht nach 5 Min. eine Kirche; einige Minuten danach endet die Asphaltierung. Man geht auf schmalem Pfad geradeaus weiter, passiert gleich das Haus Nr. 41. Auf einem steingepflasterten Maultierpfad wandert man oberhalb eines Bachtals. Nach 15 Min. überquert man den Bach auf einer kleinen Brücke nach rechts.

Es folgt ein längerer Serpentinenanstieg im Kastanienwald. Bei ver-

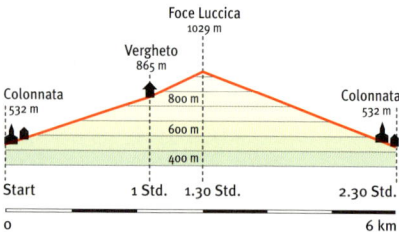

Marmorsteinbruch bei Carrara

schiedenen undeutlichen Abzweigen bleibt man auf dem markierten, stellenweise gepflasterten Hauptweg. Der Weg erreicht schließlich eine Waldlichtung mit Aussicht auf das Meer und bald darauf den Höhenkamm, auf dem man in nördlicher Richtung weiterwandert. An einem schön gelegenen Bruchsteinhaus vorbei steigt der Weg weiter an. Man erreicht den alten, nicht mehr ständig bewohnten Weiler **Vergheto,** der nur zu Fuß erreichbar ist (865 m, 1 Std.).

Der markierte Pfad führt mit guter Sicht auf die umliegenden Berge am Höhenkamm entlang weiter nach Norden und beschreibt nach rund 15 Min. am Hang einen leichten Linksbogen. Schließlich schwenkt er etwas nach rechts und steigt für ein kurzes Stück steiler an bis zum Paß **Foce Luccica** (1029 m, 1.30 Std.). Von hier oben genießt man weite Ausblicke zu den schroffen Bergflanken des Monte Cavallo (1886 m) und des Monte Tambura (1895 m).

Man kehrt auf gleichem Weg in rund einer Stunde nach **Colonnata** zurück (2.30 Std.).

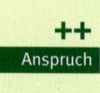

Maultierpfade zu den Höhen

Im Apennin bei Pistoia

In den Vorbergen des Apennin liegen mehrere alte Weiler, die man bis in jüngste Zeit nur auf gewundenen Maultierpfaden erreichen konnte. Die Wanderung folgt einem dieser kunstvoll angelegten Wege. Vom Tal des Flüßchens Limentra steigt sie an zum abgeschiedenen Dorf Sambuca, dann auf den Poggio la Croce, einen Aussichtsberg mit weitem Blick über die einsame Bergwelt des mittleren Apennin.

DIE WANDERUNG IN KÜRZE	
++ Anspruch **3.45** Std. Gehzeit **9 km** Länge	**Charakter:** Mittelschwer; der lange Anstieg von Taviano zum Poggio la Croce ist weniger anstrengend, als es die Höhendifferenz vermuten läßt. Überwiegend schmale Waldwege, teilweise mit gut erhaltener alter Pflasterung. Rund 30 Min. auf kaum befahrenem Asphaltsträßchen. **Markierung:** Rot-weiß **Wanderkarte:** Multigraphic Nr. 21/23 »Appennino Toscoemiliano« 1:25 000 **Einkehrmöglichkeiten:** Bar in Taviano	**Anfahrt: Mit öffentlichen Verkehrsmitteln:** Mit der Bahn zur Station Ponte della Venturina an der Linie Pistoia–Porretta Terme–Bologna (ab Pistoia 8.17, 9.20, 12.19 Uhr, zurück 13.25, 15.25, 17.25, 19.29, Uhr; Fahrzeit 50 Min.). Von hier weiter mit dem Bus zum 4 km entfernten Taviano (tägl. 8 Verbindungen, nur werktags). Mit dem **Pkw** von Pistoia auf der N 64 Richtung Porretta/Bologna nach Taviano (30 km).

Der Ausgangspunkt befindet sich beim Dorfkirchlein von **Taviano,** an der Hauptstraße nach Pistoia. Man überquert hier auf einer schmalen Steinbrücke die Limentra, geht zwischen einigen Häusern hindurch und steigt ca. 50 m an. 20 m vor einem weiteren Haus zweigt man nach

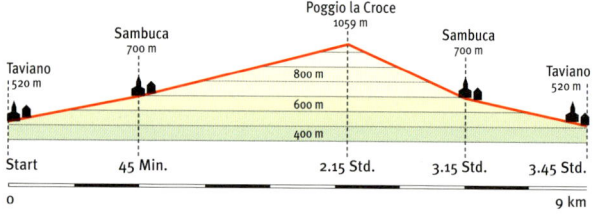

rechts auf einen grasüberwachsenen Pfad ab (Markierung: roter und weißer Balken). Der gepflasterte alte Weg steigt in Serpentinen aus dem Tal auf. Bei einer Kirche gelangt man zu einem Sträßchen und folgt ihm nach rechts zum Dorf **Sambuca Pistoiese** (45 Min.).

Das Sträßchen mündet in einen Pflasterweg, der in den für Fahrzeuge nicht zugänglichen winzigen Ort hineinführt. Bei einem Brunnen wendet man sich nach links zur Dorfkirche aufwärts. Hinter dem Kirchturm nimmt man den nach Westen ansteigenden grasüberwachsenen Pfad, der 50 m weiter zwischen dem Friedhof und einer Ruine nach rechts biegt. Die Mauerreste rechter Hand gehören zur mittelalterlichen Burganlage von Sambuca, das eine strategisch wichtige Position an der »Via Francesca«, der alten Verbindung von Bologna nach Pistoia, einnahm.

Bei einem Querpfad gleich nach dem Friedhof wendet man sich nach links. Man folgt weiter dem rot-weiß markierten Hauptpfad, der ein Stück eben verläuft, dann nach ca. 5 Min. mit gut erhaltener Pflasterung ansteigt. Ca. 20 Min. nach Sambuca führt der Weg ein Stück durch dichten Tannenwald und gabelt sich; man geht rechts. (Auf dem linken Weg kommt man zurück). Bei einigen Häusern **(Case Bettini)** trifft man schließlich auf ein Sträßchen (1.25 Std.), dem man nach links aufwärts folgt. Bei der Gabelung am Ende der Asphaltierung hält man sich rechts und erreicht gleich darauf den nur aus wenigen Häusern bestehenden Weiler **Le Cassette** (1.40 Std.).

Beim ersten Haus zweigt man nach links auf einen Pfad ab, der kurz durch dichten Tannenwald führt und 5 Min. ab Le Cassette bei einem Brunnen und einem Betongebäude

rechter Hand endet. Hier geradeaus einige Meter die Böschung hochsteigen, dann nach rechts einen deutlichen Pfad einschlagen. Dieser steigt gut 20 Min. in einem langgezogenen Rechtsbogen im Wald an. Bei einer Gabelung (2.05 Std.) verläßt man den markierten Weg und geht nach rechts. Auf schmalem Pfad über Wiesen und durch Buschwerk noch ca. 10 Min. in nordwestliche Richtung weiter aufwärts bis zur offenen Kuppe des **Poggio la Croce** (2.15 Std.). Man blickt weit über bewaldete Täler und die Bergflanken des Apennin, der hier nach Nordwesten bis auf 2160 m ansteigt.

Vom Poggio la Croce geht es zunächst auf dem Hinweg zurück bis zum Brunnen am Betongebäude bei Le Cassette. Hier nimmt man die Fahrspur nach rechts abwärts zum Weiler Pratopiano, der 100 m unterhalb liegt. Beim Querweg am Orts-

*Blick auf das Dorf
Sambucca
Pistoiese*

rand biegt man nach rechts (rot-
weiße Markierung), geht durch den
kleinen Ort (2.40 Std.) und an seinem Ende geradeaus auf einem
Fahrweg weiter. Der Fahrweg endet,
nach links biegend, bei einigen verlassenen Häusern im Wald, den **Case Sedoni** (2.55 Std.). Man geht nach

links zwischen den Häusern Nr. 2
und 3 hindurch, nimmt 20 m weiter
den nach rechts abwärts führenden
Maultierpfad. Auf diesem trifft man
nach gut 5 Min. auf den Hinweg und
folgt ihm zurück nach **Sambuca** (3.15
Std.) und **Taviano** (3.45 Std.).

Der Wald des heiligen Franziskus

Rundweg bei La Verna

Buchen, Eichen und Tannen bedecken die Hänge des Monte Penna im toscanischen Apennin. An seinem Fuß liegt das Kloster La Verna. An diesen Ort zog sich der heilige Franziskus häufig zum Gebet und zur Meditation zurück, hier empfing er der Überlieferung nach 1224 die Stigmata. Die Wanderung führt an der Klosteranlage vorbei durch schattige Wälder zum aussichtsreichen Gipfel des Monte Penna.

DIE WANDERUNG IN KÜRZE

++
Anspruch

2.15 Std.
Gehzeit

6 km
Länge

Charakter: Mittelschwer. Langer Anstieg zum Monte Penna, allerdings fast durchgehend auf schattigen Waldwegen und unterbrochen durch die Klosterbesichtigung. Trittsicherheit erforderlich, vor allem mit Kindern ist Aufmerksamkeit geboten.

Markierung: Rot-weiße Längsbalken, Weg Nr. 051

Wanderkarte: Multigraphic Nr. 33/35 »Appennino

Toscoromagnolo« 1 : 25 000

Einkehrmöglichkeiten: In Chiusi della Verna; im Kloster La Verna gibt es außerdem eine Bar.

Anfahrt: Busse von Bibbiena (an der Bahnlinie Arezzo–Stia) nach Chiusi della Verna werktags 8.10, 13 u. 14 Uhr, zurück 12.30, 14.50, 18.35 Uhr. Mit dem **Pkw:** Von Arezzo nach Chiusi della Verna 40 km, von Florenz 80 km.

Die Wanderung beginnt im oberen Ortsteil von **Chiusi della Verna** an der N 208 (Bibbiena – Pieve S. Stefano) beim Abzweig der Nebenstraße nach Chitignano/Caprese Michelangelo. Man folgt der N 208 für 50 m in Richtung Pieve, biegt dann vor dem Ristorante/Albergo Da Giovanna nach links in den ausgeschilderten Weg zum Santuario della Verna (rot-weiße Markierung). Auf streckenweise gepflastertem Weg geht man in nordwestlicher Richtung bergauf. Nach rund 20 Min. werden rechts oberhalb die Gebäude des Klosters La Verna sichtbar. Man trifft auf einen breiteren Pflasterweg,

folgt ihm nach rechts und steigt steil bis **La Verna** an (40 Min.). Durch ein Tor in der Klostermauer nach links biegend gelangt man in das Innere der Anlage. Vom Platz vor der Klosterkirche hat man eine weite Aussicht über die bewaldeten Berge des Casentino.

Für den Aufstieg zum Monte Penna geht man, aus der Klosterkirche kommend, nach rechts durch ein Tor, steigt sofort danach nach links über Steinstufen an. Beim Ende der Treppe wendet man sich nach links aufwärts und gelangt 100 m weiter zu einem Steinhäuschen (Kapelle) am Rande des Hauses, von wo man ei-

hier ein weites Panorama über das Bergland des mittleren Apennin.

Auf einem Waldpfad steigt man für 5 Min. nach Osten ab, biegt dann nach rechts in südliche Richtung. Bei einer deutlichen Gabelung im Wald (1.45 Std.) hält man sich rechts und erreicht auf bequemem, ebenem Weg gut 5 Min später erneut La Verna.

Man verläßt den Klosterbezirk auf der Zufahrtsstraße, die nach ca. 200 m beim Kilometer-Stein 1,3 eine Talsenke durchquert. Hier biegt man nach rechts auf einen Waldpfad (rotweiße Markierung), dem Hinweis »Docciane« folgend. Durch schönen Buchenwald abwärts gelangt man zum Hinweg und auf diesem wenig später zurück zum Ausgangspunkt **Chiusi della Verna** (2.15 Std.).

Kloster La Verna

Das Kloster La Verna geht auf eine Schenkung des Grafen Orlando Cattani von Chiusi an Franziskus von Assisi zurück. Franziskus errichtete hier für sich und seine Glaubensbrüder einige einfache Hütten. Der Bau aufwendiger Klosterbauten hätte nicht den Vorstellungen des Heiligen entsprochen, der jeden weltlichen Besitz ablehnte. Von den heutigen Gebäuden geht nur das Kirchlein Santa Maria degli Angeli auf die Zeit des Franziskus zurück; es wurde in

nen weiten Blick nach Westen hat (Vorsicht am Rand der Steilkante!). Es folgt ein zehnminütiger steiler Anstieg an der Höhenkante entlang, dem Verlauf eines Holzzaunes rechter Hand folgend, dann ein kurzes ebenes Wegstück und ein erneuter Anstieg von 5 Min. zu einem Rastplatz unter Bäumen mit Blick auf eine Steilwand. Man folgt weiter dem markierten Pfad. Er steigt, dem Verlauf des Höhenrandes folgend, zunächst in nordöstlicher, dann in östlicher Richtung an. Bei einer weiteren Kapelle erreicht er den Gipfel des **Monte Penna** (1282 m, 1.25 Std.). Nach Norden öffnet sich von

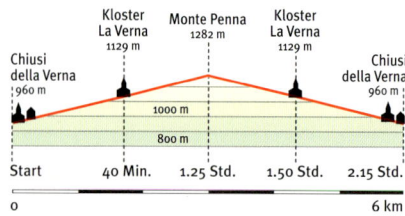

Das Franziskanerkloster La Verna

den folgenden Jahrhunderten allerdings erweitert und verändert. In der Kirche befindet sich ein schönes Terrakotta-Relief der Himmelfahrt Mariens von Andrea della Robbia (15. Jh.).

Die große Chiesa Maggiore wurde zwischen 1348 und 1509 errichtet. Sie birgt zwei weitere Werke von Andrea della Robbia, die »Anbetung Christi« und die »Verkündigung«. Die Chiesa delle Stimmate stammt aus dem späten 13. Jh.

La Verna ist in der franziskanischen Tradition als der Ort von Bedeutung, an dem Franziskus die Stigmata (die Wundmale Christi) empfing. Dante schrieb darüber in der »Göttlichen Komödie«:

»Empfing auf rauhem Felsen zwischen Tiber
Und Arno er das letzte Siegel, welches
Sein Leib zwei Jahre lang noch trug von Christus.«

Grenzenloses Panorama

Bei Cortona

Schon von Cortona aus genießt man weite Blicke. Beim Anstieg zwischen Ginster- und Brombeerbüschen, Wacholder und Eichen werden die Panoramen immer faszinierender. Nach den Bergen, Hügeln und Ebenen der südöstlichen Toscana erscheint schließlich der Trasimenische See mit den Höhenzügen Umbriens. Auf einem gepflasterten Maultierpfad kehrt man durch schönen Laubwald zurück.

DIE WANDERUNG IN KÜRZE

++ Anspruch	**Charakter:** Mittelschwer. Feld- und Waldwege, streckenweise steinige Pfade; 45 Min. auf Asphaltsträßchen ohne Verkehr. Da Hin- und Rückweg bis Torreone identisch sind, kann man eine Strecke Cortona-Torreone mit dem Bus fahren und die Wanderung um 30 Min. verkürzen. **Markierung:** Ein Teil des	Weges ist rot-weiß markiert **Einkehrmöglichkeiten:** In Cortona; Bar auch in Torreone **Anfahrt: Busverbindungen** Cortona–Torreone (ab Piazzale Garibaldi; Bus Richtung Teverina) werktags 14.05 Uhr. Torreone – Cortona 15.35 Uhr (tägl.) und 19.10 Uhr (Mo–Fr).

3.15 Std. Gehzeit

9 km Länge

In **Cortona** steigt man auf zur Porta Montanina unterhalb der Festung (von der zentralen Piazza della Repubblica über Via Benedetti – gleich rechts in den Treppenweg Via Santucci – Via Berrettini – Piazza della Pescaia, hier nach links – Via San Cristoforo). Hinter dem Stadttor geht es knapp 1 km auf ebenem Sträßchen zum Weiler **Torreone** (knapp 30 Min. ab Piazza della Re-

pubblica). Hier geradeaus über die Straße Cortona – Città di Castello, in einen Weg links neben der Kirche. Nach 100 m biegt man nach rechts in einen steil ansteigenden Weg. Aufwärts zu einem Friedhof, vor diesem auf breitem Weg nach links. Man folgt dem leicht ansteigenden Weg mit schöner Aussicht, geht etwa 15 Min. nach dem Friedhof zwischen zwei Häusern hindurch (die Hunde

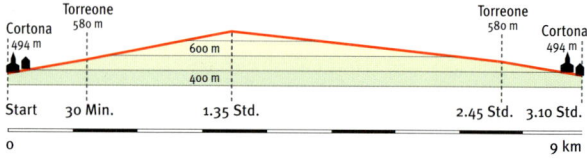

am Haus sind harmlos!) und gleich danach bei einer Kreuzung geradeaus. Der Weg beschreibt eine scharfe Rechtskurve. Hier folgt man einem geradeaus ansteigenden steinigen Pfad. (55 Min. ab Cortona. Verpaßt man die Abzweigung, so gelangt man nach wenigen Metern zu einem kleinen Neubau, bei dem ein breiterer Weg beginnt.)

Der Pfad steigt an bis zu einem breiten Weg vor einem gelben Haus. Man geht nach rechts und biegt wenige Schritte danach in einen ansteigenden Fahrweg nach links. 150 m weiter zweigt – kurz hinter einer Rechtskurve des Fahrwegs – ein steiniger breiter Weg nach rechts ab. Bei der Abzweigung eines Pfades nach rechts nach etwa 2 Min. geht man geradeaus weiter. Man folgt dem ansteigenden Weg, der nach gut 10 Min. scharf nach rechts, dann wieder nach links biegt. Herrliche Aussicht auf den Trasimenischen See, die umbrischen Berge im Süden und Osten, den Monte Cetona und Monte Amiata im Südwesten, das Chiana-Tal und die toscanischen Hügel. 50 m vor einem Neubau biegt man nach rechts und erreicht das **Sträßchen Castel Gilardi – Sant' Egidio** (1.35 Std.).

Man geht auf der Straße nach links, folgt ihr für eine knappe Viertelstunde. Bei der Toreinfahrt zum Grundstück Nr. 489 geradeaus, 5 Min. später in einen Fahrweg nach links abwärts (Schranke). Man bleibt knapp 5 Min. auf diesem Weg und passiert dabei zwei nach links abzweigende Wege. Dann biegt man nach links in einen den Weg kreuzenden Pfad (rot-weiße Markierungen ab hier bis Torreone) und steigt im Gebüsch ab. Bald wird wieder der Blick auf Cortona und den Monte Amiata frei, später geht man durch Wald. Bei

einem Anwesen erreicht man einen Fahrweg (2.20 Std.), am Hang geht es talabwärts. Bei einer Gabelung (der rechte Weg ist asphaltiert) geradeaus halten und zurück nach **Torreone** (2.50 Std.). Von hier nach **Cortona** mit dem Bus oder zu Fuß wie auf dem Hinweg (3.15 Std.).

Cortona

Cortona, einst eine wichtige Stadt der Etrusker, bildet ein sehr gut erhaltenes mittelalterliches Architektur-Ensemble. Interessanter als die einzelnen Sehenswürdigkeiten ist das Gesamtbild der Stadt mit ihren steil ansteigenden Gassen und Treppenwegen am Berghang. Das Etruskermuseum zeigt etruskische, römische und ägyptische Funde. Das bedeutendste Einzelstück ist ein etruskischer bronzener Kronleuchter aus dem 5. Jh. v. Chr., ein einzigartiges Werk mit Musikanten-Reliefs. Das Diözesanmuseum beherbergt einige herausragende Gemälde von Fra Angelico und Pietro Lorenzetti (beide Museen sind montags geschlossen). Unterhalb der Stadt in Richtung Camucia befinden sich die Renaissance-Kirche Madonna del Calcinaio und das Etruskergrab Tanella di Pitagora (Hinweisschilder).

Friede über dem Schlachtfeld

Vom Bahnhof Terontola nach Tuoro

Der Weg umrundet eines der großen Schlachtfelder der Weltgeschichte: Hier besiegte Hannibal 217 v. Chr. die römische Armee. Aus dem Chiana-Tal steigt man auf die Hügel über dem See. Mit herrlicher Aussicht wandert man auf der Höhe, steigt dann nach Tuoro ab. Der große Wasserspiegel, die Ölbaumkulturen, der Laubwald an den Hängen der Berge vermitteln den Eindruck der Idylle.

DIE WANDERUNG IN KÜRZE

++
Anspruch

Charakter: Mittelschwer; meist bequeme breite Wege. Zwischen Tuoro und Bahnhof Tuoro Asphaltsträßchen

3 Std.
Gehzeit

Einkehrmöglichkeiten: In Terontola Stazione und Tuoro

12 km
Länge

Anfahrt: Mit der Bahn: Am Bahnhof Terontola (10 km von Cortona entfernt) halten die Express- und Personenzüge der Linien Florenz–Arezzo–Rom und Foligno–Perugia–Terontola. **Rückfahrt** vom Bahnhof Tuoro nach Terontola täglich 13.15, 18.20, 19.15 Uhr,

werktags auch 14.14, 14.54 Uhr, Fahrzeit 7 Min. Es empfiehlt sich, die Abfahrtszeiten vor Beginn der Wanderung am Bahnhof Terontola zu überprüfen und dort auch die Fahrkarte zu erwerben. **Busse** von Tuoro zum Bahnhof Terontola montags bis freitags 13.50 und 15 Uhr. **Mit dem Pkw:** Zufahrt nach Terontola Stazione (3 km) von der Schnellstraße, welche die Autobahn Florenz–Rom mit Perugia verbindet (Abfahrt Castiglione del Lago/Cortona).

Am **Bahnhof Terontola** nimmt man die Via XX Settembre, überquert eine Querstraße, geht geradeaus in die Via Dante, dann rechts in die folgende Querstraße. Gleich darauf geht es auf breiter Straße nach links;

50 m weiter vor einer Kirche nach rechts. Auf schmalem Weg zwischen Kornfeldern und Reben in östlicher Richtung. Man überquert eine Straße (15 Min.), geht auf einem asphaltierten Weg weiter nach Osten. Bei

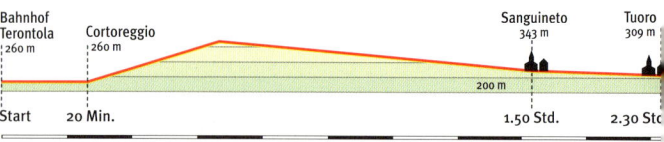

Bahnhof Terontola 260 m · Cortoreggio 260 m · Sanguineto 343 m · Tuoro 309 m · 200 m

Start · 20 Min. · 1.50 Std. · 2.30 Std.

einem Quersträßchen zwischen den Häusern des Weilers **Cortoreggio** (20 Min.) nach links, gleich anschließend nach rechts biegen. 50 m weiter geht man bei der Abzweigung eines Weges (nach links) geradeaus; nach weiteren 50 m bei einer Gabelung links halten (die Asphaltierung endet). Anstieg unter Ölbäumen mit schönen Blicken zurück auf das Chiana-Tal. Nach rund 10 Min. biegt der Hauptweg unter Eichen nach rechts; hier geht man auf etwas schmalerem Weg geradeaus weiter.

Anstieg von weiteren 15 Min. bis zu einem Querweg auf der Höhe. Man biegt nach links, folgt dem Weg gleich darauf nach rechts (linker Hand steht hier ein gemauerter Brunnen). Nach weiteren 50 m biegt man vor einer Reihe von Pinien nach links (45 Min.). Der Weg steigt in Kurven an. Nach wenigen Minuten erblickt man rechts unten zum ersten

Bahnhof
Tuoro
260 m

3 Std.

12 km

Mal den See. Jetzt verläuft der Weg eben am Hang in nordöstlicher Richtung; nach kurzer Zeit taucht, ebenfalls rechts unten, das nächste Ziel auf, das Dörfchen Sanguineto, auf das die Wanderung in einem Bogen zuführt. Dahinter erblickt man Tuoro, in der Ferne liegt Passignano am Seeufer.

Man gelangt zu einer Wegkreuzung (nach links Aussicht ins Chiana-Tal und auf die Hügel der Toscana; 1 Std. ab Bahnhof Terontola). Bei der Kreuzung wendet man sich nach rechts in einen schmalen, bergan führenden Weg. Bei einer Gabelung nach rund 100 m nimmt man den nach links ansteigenden Weg. Nach gut 10minütigem Anstieg erreicht man einen breiteren, ebenen Weg (rot-weiße Markierung), dem man geradeaus folgt. Nach weiteren gut 5 Min. folgt eine Gabelung; man biegt nach rechts (abweichend von der Markierung, die nach links weist). Der Weg senkt sich. Mit schöner Aussicht auf den See wandert man absteigend rund 30 Min. bis zum Dorf **Sanguineto** (1.50 Std.).

Beim ersten Anwesen des Dorfes geradeaus gehen (nicht dem roten

113

Pfeil nach rechts hinab folgen). Man passiert einen Gedenkstein für die Hannibal-Schlacht, gleich darauf eine Kapelle. Man folgt dem Sträßchen abwärts in einem Rechts- und einem anschließenden Linksbogen. Die Asphaltierung endet am Ortsrand. Etwa 2-3 Min. später biegt man durch ein Gatter (unbedingt wieder schließen!) in einen schmaleren Weg nach rechts abwärts. (Rechts unterhalb steht hier eine Aussichtsplattform mit Erklärungen zur Schlacht.) Der Weg senkt sich, führt an einem Gebäude vorbei, biegt dann nach rechts. Wenige Meter hinter der Rechtskurve nimmt man die nach links abzweigende Via Fornello. Man folgt diesem Weg knapp 10 Min. bis zu einer Abzweigung. Hier wendet man sich nach links und sofort darauf wieder nach rechts, steigt leicht an bis **Tuoro** (2.30 Std.).

In Tuoro kann man die Wanderung beenden oder aber auf asphaltierten Sträßchen weiter absteigen bis zum Bahnhof Tuoro am Seeufer: Man überquert unterhalb des alten Ortskerns die Hauptstraße, geht dann schräg nach rechts abwärts. Kurz darauf wieder auf der Hauptstraße nach links, dann, 30 m weiter, in die erste Straße rechts (Schild »Senso unico«). An einer Gabelung rechts halten, dann gleich wieder links. Vorbei an einer Säule des römischen Forums mit einem Text, der an die Hannibal-Schlacht erinnert. Weiter geradeaus abwärts, vorbei an neueren Häusern. An einer Querstraße links. Blick auf das von Neubauten umgebene alte Tuoro. Entlang der Straße bis zu einer Kreuzung, dort nach rechts abbiegen zum **Bahnhof Tuoro** (Wegweiser »Stazione«; knapp 3 Std.).

Der Trasimenische See

Der Trasimenische See ist der viertgrößte See Italiens, jedoch nur bis zu 6 m tief. An den Ufern des Sees – in dem Gebiet, das man durchwandert – fand 217 v. Chr. eine Schlacht zwischen den karthagischen Truppen Hannibals und den Römern unter dem Konsul G. Flaminius statt. Hannibal drängte die Römer in einer Umfassungsschlacht in den See, der damals einen höheren Wasserstand hatte und das gesamte Becken ausfüllte, welches man umwandert.

Fischer am Trasimenischen See

Warme, heitere Töne ...

Bei Grádoli

Die Rundwanderung am Westufer des Sees verläuft zunächst auf der Höhe, mit weiten Blicken über den Lago di Bolsena mit seinen Inseln, Dörfern und Städtchen. Man geht hinab zum Ufer, wandert am See entlang und steigt schließlich wieder an nach Grádoli. »Die lichten Formen, die warmen, heiteren Töne«, von denen der Romantiker Ludwig Tieck sprach, kann man hier intensiv empfinden.

DIE WANDERUNG IN KÜRZE	
++ Anspruch	**Charakter:** Mittelschwer, meist breite bequeme Wege
	Markierung: Bis San Magno rote Punkte und Pfeile
4.15 Std. Gehzeit	**Einkehrmöglichkeiten:** Restaurant und Bars in Grádoli; Bar am Wanderweg (nach 2.40 Std., unregelmäßig geöffnet).
14 km Länge	

An- und Abfahrt: Busse Bolsena–Grádoli direkt 8.45, 13, 13.50 u. 14.40 Uhr, mit Umsteigen in San Lorenzo 9.45, 10.45, 12.40 Uhr. Grádoli–Bolsena 14.30 (Di–Fr), 15.15 u. 17.50 Uhr. Alle Busse nur werktags!

Hinweise: Die Wanderung bietet gute Badegelegenheiten!

In **Grádoli** geht man vor einem Brunnen am Stadttor des alten Ortskerns auf einem Sträßchen (Via Margherita) nach rechts abwärts, gleich darauf an einem Platz nach links in die Via Montecorvo und an der nächsten Gabelung nach rechts. Über eine Brücke gelangt man zu einer Weggabelung am Ortsrand (Brunnen). Hier auf einer Straße nach links aufwärts. Die Straße beschreibt eine Rechtskurve, verläuft dann eben durch Wein-, Öl- und Gemüsegärten.

Nach ca. 10 Min. kommt man an eine Gabelung; weiter auf dem rechten, nach 50 m im Bogen nach rechts abwärts führenden Weg. In ein kleines Tal, über eine Brücke, dann bei einer Gabelung (15 Min.) nach rechts aufwärts und rechts an einem Mari-

enbild vorbei. Bei einer Gabelung fünf Minuten später hält man sich links. (Der Weg beschreibt direkt nach der Gabelung eine Linkskurve). Bei den folgenden Abzweigungen bleibt man – streckenweise mit sehr schönen Blicken auf den See – immer auf dem ansteigenden Hauptweg, der in westlicher Richtung zum Kraterrand führt. Man erreicht den höchsten Punkt des Anstiegs kurz vor der **Straße Valentano–Pitigliano,** biegt – auf der Höhe angelangt – nach links (1 Std.). Man geht parallel zu der Straße, passiert ein Haus (linker Hand). Der Hauptweg biegt nach links ab; hier wandert man auf kleinerem Weg durch ein Wäldchen geradeaus, weiter parallel zur Straße. Man trifft wieder auf einen breiteren

Am Bolsena-See

Weg. Hier neuerlicher Blick auf den See.

Kurz darauf folgt eine Wegkreuzung: Zwei Wege führen nach rechts zur Straße, einer schräg nach links (Grobrichtung: parallel zur Straße), ein vierter scharf nach links abwärts (Richtung See). Man nimmt den Weg parallel zur Straße. In der folgenden Linkskurve, ca. 150 m weiter, zweigt man nach rechts auf einen Feldweg ab und geht weiter parallel zur Straße. Beim folgenden Querweg, der vom Bauernhaus La Montagnola kommt, wendet man sich nach rechts zur Straße Pitigliano–Valen-tano, die man bei Km-Stein 37,6 erreicht. Man geht auf der Straße nach links, folgt ihr für etwa 150 m in süd-licher Richtung, nimmt dann den zweiten Abzweig nach links, beim Beginn einer Rechtskurve der Straße (1.30 Std.). Der Weg verzweigt sich sofort. Man schlägt den abwärts führenden breiten Fahrweg ein, der zunächst nach rechts, dann in Richtung See nach links biegt.

Der Weg gabelt sich nach ca. 5 Min. oberhalb eines Häuschens. Man geht rechts, weiter abwärts. Der Weg führt durch Olivengärten und kleine Weinberge mit weiter Aus-

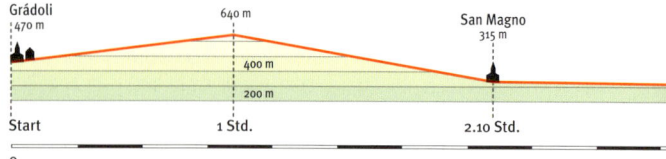

sicht zum See. Man trifft auf die Uferstraße, biegt nach links, gelangt nach 200 m zur Kirche **San Magno** (2.10 Std.).

Weiter in gleicher Richtung auf der Seeuferstraße. Nach einigen Minuten biegt in einer leichten Linkskurve der Straße nach rechts ein Fahrweg ab, dem man am Seeufer entlang folgt. Eine Bar (2.40 Std.); bald darauf wird das Ufer, das bis dahin zumeist schilfbewachsen ist, besser zugänglich; verschiedene schöne Badeplätze. Nach 3.25 Std. biegt man zwischen einem neueren Haus (**Casa Piccione**) und einer Wellblechhütte nach links in einen Fahrweg ab. (Wenige Meter danach stehen rechts am Strand einige Nadelbäume. – Diese Abzweigung kann leicht mit anderen, vorangehenden verwechselt werden. Sicherer Anhaltspunkt: Es ist die letzte Abzweigung, bevor der Fahrweg auf ein Asphaltsträßchen trifft. Im Zweifelsfall gehe man bis zu dem Sträßchen, kehre dann zur Abzweigung zurück (ca. 500 m).

Der Weg kreuzt nach einigen Minuten eine Straße, steigt dann an. Ein Querweg bei einer Kapelle (3.50 Std.); man geht hier rechts. Schöner Blick auf den See und auf Grádoli. Man gelangt zu einer Straße, biegt auf ihr nach links, erreicht **Grádoli** (4.10 Std.). Der am ca. 160 m über dem See am Hang gelegene Ort hat einen mittelalterlichen Kern. Großer Farnese-Palast des 16. Jh. (erbaut von Antonio da Sangallo il Giovane).

Links neben dem Palazzo die Pfarrkirche Santa Maria Maddalena, mit Barockfassade.

Der Bolsena-See

Der Bolsena-See gehört nicht mehr zur Toscana. Doch die Schönheit der Landschaft um den großen Vulkansee im Norden Latiums, seine leichte Zugänglichkeit und die Nähe zur Toscana, deren Grenze nur wenige Kilometer entfernt liegt, rechtfertigen die Aufnahme in diesen Wanderführer.

Der Bolsena-See ist der größte See vulkanischen Ursprungs in Italien, der fünftgrößte See des Landes. Er ist kein einfacher Kratersee, sondern ging aus komplizierteren geologischen Prozessen hervor. Man nimmt an, daß sich unterhalb der Krater dieser Region durch den andauernden Ausstoß von Magma Hohlräume bildeten und nach und

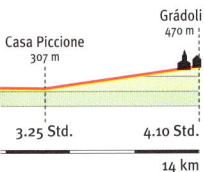

nach die Erdkruste über den Hohl-räumen einbrach, so daß schließlich jene große Senke entstand, welche heute vom See ausgefüllt wird.

Die geschichtlich interessanteste Stadt auf den Wanderungen am Bolsena-See ist Montefiascone. Sie entstand in der Völkerwanderungs-zeit. In der Antike hatte sich – nach einer allerdings nie bewiesenen Überlieferung – an gleicher Stelle eines der bedeutendsten etruski-schen Heiligtümer, das *Fanum Vol-tumnae,* befunden, bei dem sich einmal jährlich die Abgesandten al-ler etruskischen Stadtstaaten tra-fen. Im 13. Jh. diente Montefiasco-ne, an der Frankenstraße nach Rom gelegen, vielen Päpsten als Som-merresidenz.

In den Orten am Seeufer, auch in den etwas weiter entfernten Grádo-li und Montefiascone, ißt man her-vorragende Fischgerichte. Beson-ders erwähnt seien Hecht *(luccio),* Aal *(anguilla),* Schlei *(tinca),* Karp-fen *(carpa)* und *coregone* (entfernt dem Felchen ähnelnd). Grádoli hat einen eigenen Süßwein, den »Aleático di Grádoli«, Marta seinen lokalen Rotwein (»Cannaiola«) und Montefiascone den berühmten Weißwein »Est Est Est«, der ordent-lich ist, aber nicht so, daß er zu Ex-zessen anrege. Ich habe insofern nie verstanden, wieso der Prälat Fugger sich ausgerechnet am »Est Est Est« zu Tode trank (vgl. S. 120). Vielleicht erklärt es sich am besten mit Victor Hehns Bemerkung zu den mittelalterlichen Trinkgebräuchen: »Die Normannen im Süden, die deutschen Könige auf ihren Römer-zügen und die sie begleitenden Herzöge, Grafen, Edlen und Man-nen waren allesamt wackere Trin-ker, aber keine allzu kritischen und wählerischen Kenner.«

Blick auf den Bolsena-See

Weinstädtchen und Fischerdorf

Von Montefiascone nach Marta

Montefiascone ist berühmt für seinen Weißwein »Est-est-est«. Auf einer schönen und bequemen Wanderung am See erreicht man von hier aus Marta, das charakteristischste Fischerdorf des Lago di Bolsena. Die wunderbaren Ausblicke und die ruhige Stimmung gleichen den einzigen Nachteil des Weges aus: Er ist für rund 45 Minuten asphaltiert. Unterwegs bieten sich zahlreiche Badegelegenheiten.

DIE WANDERUNG IN KÜRZE

+ Anspruch

Charakter: Leicht. Feld- und Fahrwege, ca. 3 km asphaltiert

Einkehrmöglichkeiten: Restaurants und Bars in Montefiascone und Marta sowie am Seeufer (Fischspezialitäten)

2.30 Std. Gehzeit

An- und Abfahrt: mit dem **Bus:** Rückfahrt Marta–Montefiascone etwa alle 2 Std., letzter Bus 17.55 Uhr,

11 km Länge

Fahrzeit 20 Min. Nur an Werktagen. Bolsena–Montefiascone 8.45, 10.15, 11.30, 13, 13.55 Uhr; Marta–Bolsena direkt 14.15 Uhr, mit Umsteigen in Montefiascone 15.30, 17.55 Uhr. Ebenfalls nur werktags!

Von der Piazza Roma in **Montefiascone** (Bushaltestelle) geht man auf der Hauptstraße in Richtung Bolsena. Nach knapp 10 Min. biegt man hinter einem Motorradgeschäft in ein Sträßchen nach links (Via Solferino della Battaglia). Das Sträßchen führt nach 30 m auf eine kleine Kuppe, senkt sich dann, mit Aussicht auf den See nach rechts führend. Bei einer Gabelung gleich darauf nach links hinab. Man folgt diesem Weg vorbei an einigen Neubauten; die Asphaltierung endet. Schöne Blicke auf den See.

Man gelangt wieder zu einem Asphaltsträßchen, biegt auf diesem nach links, kommt nach einigen Minuten bei den ersten Häusern des Dorfes **Le Coste** (25 Min.) zu einem Waschhaus. Hier nach links in einen abwärts führenden kleineren Weg. Bei zwei aufeinanderfolgenden Gabelungen geht man jeweils rechts. Man erreicht schließlich im Tal einen Querweg (50 Min.), geht auf diesem nach rechts. Leichter Anstieg, ein weiterer Querweg (1 Std.). Man geht links, erreicht die Straße Montefiascone – Lago und auf dieser das **Seeufer** (1.10 Std.). Auf der Seeuferstraße nach links biegen; am See entlang wandernd erreicht man **Marta** (2.30 Std.). Marta ist ein hübsches, über tausend Jahre altes Fischerdorf mit einer Reihe von mittelalterlichen Häusern und einer Burg (13. Jh.).

Montefiascone

Größte Ortschaft am Bolsena-See (4 km vom Seeufer entfernt auf einer Anhöhe gelegen). Oberhalb des Ortszentrums Reste der **Festung** (Papstpalast); Blick über den Bolsena-See, zum Monte Amiata und den Ciminischen Bergen.

Dom Santa Margherita, Renaissance-Bau (16./17. Jh.) von Michele Sanmicheli und Carlo Fontana, mit großer Kuppel. Im Innern Marmorstatue der hl. Margherita (13. Jh.), Krypta.

San Flaviano, interessante romanische Kirche mit gotischen Stilelementen. Die Kirche besteht aus Unter- und Oberkirche. Die Unterkirche, mit gotischer Fassade, wurde im 11./12. Jh. erbaut, im 14. Jh. umgebaut (romanische Bögen an der Eingangsseite, gotische an der Altarseite). Sie erhält ihr Licht von der Oberkirche.

In der dritten Kapelle links die Grabplatte des Augsburger Prälaten Johannes Fugger mit der – kaum noch lesbaren – Inschrift »*Est Est Est pr(opter) nim(ium) est hic Jo(annes) De-Fuk do(minus) meus mortuus est*« – »Est Est Est, wegen zuviel davon ist hier mein Herr Johannes Fugger gestorben«. Eine berühmte Anekdote erzählt, der geistliche Würdenträger habe auf einer Reise nach Rom seinen Diener vorausgeschickt mit dem Auftrag, die Wirtshäuser mit gutem Wein mit der Aufschrift »Est« (»Hier ist er«) zu bezeichnen. In Montefiascone habe der Diener vor lauter Begeisterung »Est Est Est« an das Wirtshaus geschrieben; der Herr, der den Montefiasconeschen Wein gleichermaßen schätzte, habe sich daran zu Tode getrunken. Seither heißt der Wein von Montefiascone »Est Est Est«; die Grabplatte in San Flaviano zieht, wie der Führer des Touring Club Italiano schreibt, »zahlreiche – vor allem deutsche – Touristen an«.

Schöne, vielfältige Kapitelle. Am vorletzten Pfeiler rechts Kapitell mit einem Männchen, das sich den Bart

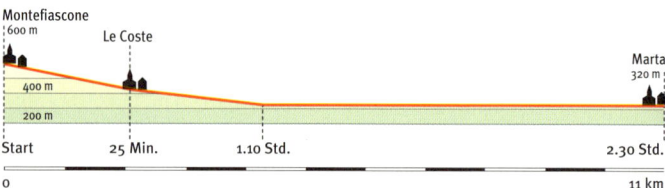

hält und der lateinischen Inschrift: »Ihr, die ihr unsere Kirche anschaut, betrachtet auch meinen Bart!« An einer anderen Seite desselben Kapitells sieht man die gleiche Figur, wie sie sich lachend den Bauch hält; die Inschrift lautet: »Hier bin ich, ein gemeißelter Wächter, um die Dummköpfe hereinzulegen.«

Zahlreiche Fresken, die vor allem aus dem 14. Jh. stammen, schmükken die Wände. An der Eingangswand, rechts vom Portal: Verkündigung, Geburt Christi, Anbetung der Weisen. Im ersten Bogen rechts: Kreuzigung; Wunder des hl. Nikolaus. Zweiter Bogen: Madonna und Heilige; Kreuzigung; Johannes der Täufer und rechts unten Papst Urban IV. (Urban IV. ließ die Burg von Montefiascone erbauen). Rechte Apsis: Verkündigung (1575); mittlere Apsis: Christus mit hll. Paulus und Petrus; Martyrium des hl. Florian (16. Jh.); linke Apsis: Taufe Christi (16. Jh.). Im linken Seitenschiff, neben der Apsis: Grablegung, Heimsuchung, Gottvater, Verkündigung (alle 16. Jh.). Erste Kapelle links: Kindermord von Bethlehem (Pastura, 15. Jh.); über dem Eingang der Kapelle (Beleuchtung): Triumph des Todes, häufig gemaltes Motiv im von der Pest heimgesuchten 14. Jh.: Drei höfisch gekleidete Adlige treffen auf einem Ausritt auf zwei Skelette; im Hintergrund ein Eremit in einer Felslandschaft. An der Eingangswand, links vom Portal: Kreuzigung; Leben der hl. Katarina. In der Oberkirche, an der Eingangsseite, Thron Urbans IV. (1262) und päpstlicher Altar.

Zahlreiche Fresken schmücken das Innere der Kirche San Flaviano in Montefiascone

Durch das Chianti-Gebiet

In fünf Tagen von Florenz nach Siena

H i n w e i s e

Wanderkarten: Multigraphic Nr. 42/43 Monti del Chianti (1:25000), Kompaß Nr. 660 Firenze–Chianti (1:50000). Beide Karten decken die letzte Tagestour nicht ab; sie ist – allerdings nicht ganz vollständig – auf der Kompaß-Karte Nr. 661 Siena – Chianti (1:50000) verzeichnet.

Gepäcktransport: Gepäck kann man von Taxis transportieren lassen (Preis: rund 2 DM pro Entfernungskilometer). Greve in Chianti: Pistolesi, ✆/Fax 05 58 54 49 53; Panzano: Gemini Travel, ✆ 055 85 20 25, Fax 05 58 56 09 81; Siena: Taxizentrale ✆ 057 74 92 22.

Eine fünftägige Wanderung in der wein- und waldbewachsenen Hügellandschaft des Chianti. Ginsterbestandene Hochflächen wechseln mit Ölbaumhainen, Bauernhäuser stehen neben mittelalterlichen Burgen, aus dunklen Bachtälern gelangt man in die hitzeflimmernde Luft der Kammwege. Große Strecken der Wanderung führen mit weiten Ausblicken am Hang entlang; immer wieder sieht man auf die charakteristische toscanische Landschaft der sich hintereinander wellenden Hügelreihen mit ihren sanften, verschwimmenden Farbtönen.

Es ist dies fast ausschließlich eine Wanderung der Natureindrücke. Das mag überraschen in einer Gegend, welche als ›Kunstlandschaft‹ berühmt ist. Aber die toscanische

Kultur des Mittelalters und der Renaissance war Stadtkultur; außerhalb der Städte ist das Gebiet zwischen Florenz und Siena an Kunstwerken ärmer als die etruskische Südtoscana. Im Gebiet dieser Wanderung stellt die Landschaft selbst das ›Kunstwerk‹ dar: sie ist von Menschenhand kultiviert und ›ästhetisiert‹ worden (s. S. 8). Die Formen der Bauernhäuser fügen sich mit den Pflanzungen der Weinreben, der Ölbäume, mit den Reihen der Zypressen vielfach zu Bildern von vollkommener Harmonie. Immer wieder erblickt man die ›typischen‹ Ansichten der Toscana. Daneben aber trifft man auch auf Seiten, welche mit den üblichen Toscana-Vorstellungen kaum übereinstimmen, sieht große dunkle Wälder, gelangt in macchia-artiges Gebüsch, erlebt die Stille feuchter Bachtäler.

Im ersten Abschnitt der Wanderung stellt sich ein Organisationsproblem: Zwischen Bagno a Ripoli (am Stadtrand von Florenz) und Passo dei Pecorai gibt es keine Übernachtungsmöglichkeit. Die Strecke ist auch von sehr geübten Wanderern kaum an einem Tag zurückzulegen (mehr als acht Stunden Wegstrecke). Es bleiben zwei Möglichkeiten, sofern man nicht mit dem Zelt wandert und somit von Hotels unabhängig ist: Man lasse das erste Teilstück aus und beginne die Wanderung in San Donato in Collina oder in San Polo in Chianti. Oder aber – die schönere Lösung – man kehre am Abend des ersten Wandertages von San Polo mit dem Bus nach Florenz zurück, übernachte

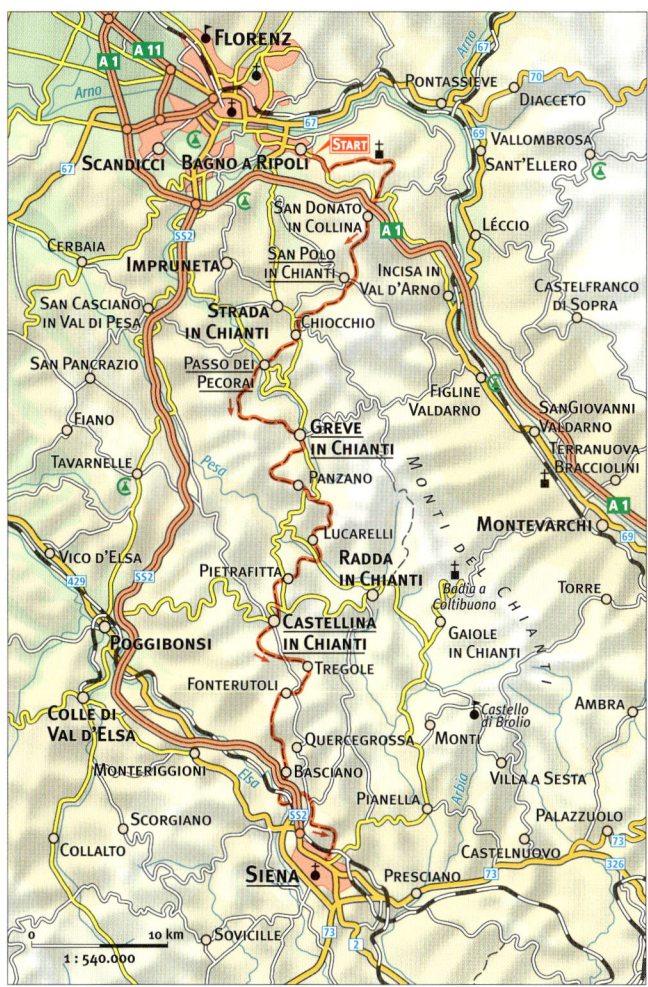

dort, fahre am nächsten Morgen wieder nach San Polo und beginne dann die fortlaufende Wanderung. Der Abendbus von San Polo nach Florenz verkehrt allerdings nur Mo–Fr.

Unterwegs ist die möglichst frühzeitige Voranmeldung in allen Hotels dringend empfohlen – gerade in der Wandersaison, im Frühjahr und Herbst, sind sie häufig langfristig ausgebucht. In Greve und Castellina gibt es keine Häuser der unteren Preisklassen; hier muß man mit mindestens 150 DM für eine Übernachtung im Doppelzimmer rechnen. Die einzige Alternative: Wildes Zelten (an der Wanderstrecke gibt es Campingplätze nur in Florenz und Siena). Bitte entzünden Sie dabei auf keinen Fall Feuer (Waldbrandgefahr!).

E t a p p e n

Ich schlage folgende **Einteilung der Tagesabschnitte** vor:

1. **Tag:** Bagno a Ripoli – San Polo in Chianti (4.40 Std.)
2. **Tag:** San Polo – Passo dei Pecorai (3.30 Std.)
3. **Tag:** Passo dei Pecorai – Greve in Chianti (3 Std.)
4. **Tag:** Greve – Castellina in Chianti (5 Std.)
5. **Tag:** Castellina – Siena (gut 5 Std.)

Übernachtung: 50122 Florenz: Loggiato dei Serviti***, Piazza SS Annunziata 3, ✆ 055 28 95 92, Fax 055 28 95 95; Porta Rossa***, Via Porta Rossa 19, ✆ 055 28 75 51, Fax 05528 21 79; Désirée**, Via Fiume 20, ✆ 0552382382, Fax 0552 91439; Mirella*, Via degli Alfani 36, ✆ u. Fax 05 52 47 81 70; Azzi*, Via Faenza 56, ✆ u. Fax 055 21 38 06.

Wegbeschreibung: s S. 23 (Tour 3) und S. 37 (Tour 7, erster Teil). Dort finden sich auch die Hinweise zur Anfahrt Florenz–Bagno a Ripoli und zur Hin- und Rückfahrt San Polo–Florenz.

1 . T a g

Von Bagno a Ripoli nach San Polo in Chianti

Dauer: 4.40 Std.

Charakter: Mittelschwere bis anstrengende Wanderung auf Feldwegen und Waldpfaden, der Abstieg nach San Polo verläuft streckenweise querfeldein.

2 . T a g

Von San Polo nach Passo dei Pecorai

Dauer: 3.30 Std.

Charakter: Mittelschwer; Pfade und Fahrwege, zwischen San Polo und Chióggio 45 Min. auf Asphalt-

Frühling in der Toscana: Schwertlilienwiese bei San Polo

sträßchen ohne Verkehr

Busverbindungen: Nach Florenz ab Passo dei Pecorai letzter Bus werktags 17.30, So u. Fei 18.10 Uhr.

Übernachtung: Passo dei Pecorai: Da Omero**, ✆ 055 85 07 16; Fax 055 85 04 95, Postanschrift: 50020 Greve – Passo dei Pecorai. Mit gutem Restaurant.

Wegbeschreibung: Abschnitt San Polo in Chianti–Chiócchio s. S. 39 ff. (Tour 7).

Von Chiócchio bis Passo dei Pecorai: Aus Richtung San Polo in Chiócchio ankommend, biegt man auf der Hauptstraße nach rechts, nach 30 m (vor dem Restaurant »Il Gallo«) links in einen Fahrweg in südwestlicher Richtung (Via Colombaia). Man folgt immer diesem Weg mit Blick auf ausgedehnte Rebkulturen. Man erreicht das Weingut **Villa Nozzole** (20 Min. ab Chiócchio), biegt vor dem Anwesen scharf nach links, geht weiter auf breitem Fahrweg bis **Passo dei Pecorai** (50 Min. ab Chiócchio, 3.30 Std. ab San Polo).

3 . T a g

Von Passo dei Pecorai nach Greve in Chianti

Dauer: 3 Std.

Charakter: Mittelschwer; Feld- und Waldwege und breitere Fahrwege

Übernachtung: 50022 Greve in Chianti: Albergo del Chianti***, ✆ u. Fax 055 85 37 63; Da Verrazzano***, ✆ 055 85 31 89, Fax 055 85 36 48

Wegbeschreibung: siehe S. 42ff. Tour 8)

4 . T a g

Von Greve nach Castellina in Chianti

Diese Tour im Herzen des Chianti-Gebiets besteht zu großen Teilen aus zwei Wanderungen, die an anderer Stelle beschrieben wurden (Nr.10 und – in Gegenrichtung – Nr.11). Sie führt durch „klassische" Toscana-Landschaft, durch Weinberge und Wälder, vorbei an kleinen Dörfern und einsamen Gehöften.

Dauer: 5 Std.

Markierung: Rote Punkte und Pfeile

Einkehrmöglichkeiten: Restaurants in Greve, Panzano, Castellina. Bar mit Lebensmittelgeschäft auch in Lucarelli (Freitag Ruhetag)

Übernachtung: Panzano: Villa Sangiovese***, ✆ 055 85 24 61, Fax 055 85 24 63, teuer; Postanschrift: 50020 Greve in Chianti-Panzano. **53011 Castellina in Chianti:** Palazzo Squarcialupi***, ✆ 05 77 74 11 86, Fax 05 77 74 03 86, teuer; Girasole ***, ✆ 05 77 74 13 27, Fax 05 77 74 13 47; Il Colombaio***, ✆ u. Fax 05 77 74 04 44; Salivolpi***, ✆ 05 77 74 04 84, Fax 05 77 74 09 98.

Hinweis: Die Kirche San Leolino bei Panzano ist von 12 bis 15 Uhr geschlossen.

Von Greve bis Panzano: s. Tour 9, S.45 In **Panzano** biegt man auf der Straße Florenz–Siena für wenige Meter nach rechts, geht dann im Ortszentrum nach links in das ansteigende Sträßchen Via XX Luglio (Wegweiser »Cennatoio«, »Castelvecchi«).

In der Nähe von Pietrafitta

Knapp 10 Min. auf diesem Sträßchen bis zu einer Gabelung, bei der man sich rechts hält (Wegweiser »Villa Le Barone«). Am Friedhof vorbei. Weite Blicke auf das Hügelland. Man erreicht die schön gelegene Pension Villa Le Barone.

An der Villa vorbei auf dem Fahrweg weiter, an einer Kreuzung geradeaus, zur romanischen Kirche **San Leolino** (2.30 Std.). Unmittelbar vor der Kirche (von der Villa Le Barone aus gesehen) nach links in einen abwärts führenden Weg; gleich darauf

ein breiterer Querweg, dem man nach rechts abwärts folgt. Wenig später, vor einem Haus **(Le Masse)** eine Wegverzweigung. Man nimmt den rechten der drei Wege und geht rechts an dem Haus vorbei. 200 m hinter dem Haus hält man sich bei einer Gabelung rechts und folgt diesem Weg abwärts bis zu dem Dorf **Lucarelli** (1 Std. ab Panzano, 3 Std. ab Greve). Die Bushaltestelle für die Rückfahrt befindet sich am Ortseingang rechts unterhalb der Hauptstraße. Eine Bar, in der man auch einen Imbiß und belegte Brote erhält, steht am entgegengesetzten Ende des Dorfs (Fr Ruhetag).

In Lucarelli (3 Std. ab Greve) wendet man sich am Ortsrand auf der Hauptstraße nach links (Richtung Radda), durchquert das Dorf. Am Ortsende steht linker Hand eine Bar. Gegenüber der Bar steigt man auf einer Treppe nach rechts zum Fluß Pesa hinab, überquert den Fluß auf einer Brücke, biegt dann nach links, wandert parallel zum Fluß in südöstlicher Richtung. Nach einigen Minuten biegt der Weg nach rechts und führt – zwischen einer Wiese rechter Hand und einem Gebüsch links – in südwestlicher Richtung auf die Hügel zu. Gleich darauf kreuzt man einen Fahrweg (links eine Brücke), geht auf einem Weg rechts vom Bach in gleicher Richtung wie bisher weiter. Man steigt in südlicher Richtung an, überquert nach einigen Minuten in einer scharfen Linkskurve den Bach, steigt steil an. Bei einer Gabelung nimmt man den linken, zwischen Weinreben eben verlaufenden Weg und gelangt 100 m danach zu dem Anwesen **Scovo** (30 Min. ab Lucarelli). Geradeaus steigt zwischen einem Weinberg und einem Steinmäuerchen. 200 m hinter dem Haus, am Ende des Weinfeldes, biegt man in einen nach rechts ansteigenden Weg. Dieser wendet sich nach 20 m nach links, verläuft am Hang rechts oberhalb des Baches. Nach einigen Minuten beschreibt der Weg eine Rechtskurve, wendet sich dann wieder nach links, steigt – undeutlicher und etwas unwegsamer werdend – aus dem Tal heraus in südwestlicher Richtung steiler an.

Auf der Höhe wendet man sich nach links, geht auf ein Haus zu (**Casuccia;** 45 Min. ab Lucarelli) und rechts an diesem vorbei. Hinter dem Haus biegt man auf einem Weg nach links, steigt leicht in südlicher Richtung an. Gut 5 Min. nach dem Gehöft Casuccia trifft man auf einen breiteren Fahrweg; nach rechts gehen. Kirche und Burg von Pietrafitta werden sichtbar.

Man erreicht **Pietrafitta** (gut 1 Std. ab Lucarelli, 4 Std. ab Greve). Bei einer Gabelung am Ortsanfang links hoch zur Kirche, dann rechts an der Kirche vorbei. Der Weg senkt sich, beschreibt eine Linkskurve. Bei der Kreuzung unterhalb der Kirche geradeaus, dann eine Rechtskurve. Durch eine Zypressenallee abwärts zur Straße Florenz–Siena. Man überquert diese, steigt auf der anderen Seite auf einem Fahrweg an, biegt nach wenigen Metern hinter einem Haus nach links in einen ansteigenden, zunächst unscheinbaren Weg, welcher gleich darauf deutlicher erkennbar wird und auf dem Kamm eines Hügelrückens in südlicher Richtung weiter aufwärts führt. Schöne Blicke auf Wein- und Waldgebiete, einzelne Gehöfte und Kastelle, die Dörfer Pietrafitta und Panzano.

An einem Anwesen, dann an einer Häusergruppe vorbei; 50 m hinter der Häusergruppe biegt man – gegenüber von einem Schuppen – in einen ansteigenden Weg nach rechts (den linken von zwei hier abzweigenden Wegen). Der Weg führt auf der Höhe weiter nach Süden. Nach einigen Minuten biegt man bei einer Gabelung nach rechts, gleich darauf wird Castellina sichtbar (35 Min. ab Pietrafitta). Bei einer Gabelung gleich danach geht man links. Der Weg führt bald darauf links an einem Haus vorbei abwärts zur Straße, erreicht diese bei den **Quellen des Flusses Arbia.** Man wendet sich nach rechts, folgt der Straße für gut 5 Min. aufwärts, biegt dann – unmittelbar nach einer Linkskurve der Straße – nach rechts in einen Pfad, der am Rand einer Wiese ansteigt. Man erreicht neuerlich die Straße, geht rechts und gleich darauf in einen Fahrweg, welcher rechts aufwärts zu den **Etruskergräbern** des **Monte Calvario** führt (Wegweiser »*Tombe Etrusche*«). Auf gleichem Weg zurück zur Straße und zum Ortszentrum von **Castellina** (1 Std. ab Pietrafitta, 5 Std. ab Greve)

Pieve (Taufkirche) di San Leolino

Romanischer Bau des 12. oder 13. Jh. mit Renaissance-Vorhalle und kleinem Kreuzgang (15. Jh.) Die Kirche wurde durch Restaurierungsarbeiten wieder in den ursprünglichen Zustand zurückversetzt. Sie birgt mehrere interessante Kunstwerke (Beleuchtung am ersten Pfeiler rechts). Im rechten Seitenschiff ein Taufbrunnen des 16. Jh. und ein Triptychon mit der Madonna, der mystischen Vermählung der hl. Katharina und den Heiligen Petrus und Paulus. Es stammt von einem unbekannten Maler des 14. Jh., der als »Maestro di Panzano« bezeichnet wird.

Auf dem Hauptaltar ein weiteres Triptychon der Madonna mit den Heiligen Franziskus, Johannes dem Täufer, Eufrosinus und Laurentius (14. Jh., Mariotto di Nardo zugeschrieben). Im Chor und im linken Seitenschiff befinden sich zwei schöne glasierte Terrakotten aus der Werkstatt der florentinischen Renaissance-Künstler Della Robbia (um 1515). Im linken Seitenschiff ein Gemälde der Madonna mit den Heiligen Petrus und Paulus sowie Szenen aus ihrem Leben; es wird Melio-re di Jacopo zugeschrieben und 1260–80 datiert.

5 . Tag

Von Castellina in Chianti nach Siena

Dauer: Gut 5 Std.

Charakter: Bequem zu gehende Wege, aber wegen der Dauer anstrengend, vor allem bei Hitze: Weite Strecken sind schattenlos. Feld- und Waldwege, Pfade, Fahrwege; rund 1 Std. auf kaum befahrenen Asphaltsträßchen

Übernachtung: Zwischen **Castellina und Siena:** Belvedere di San Leonino***, ☎ 05 77 74 08 87, Fax 05 77 74 09 24; Postanschrift: Loc. San Leonino, 53011 Castellina in Chianti. Ein besonders angenehmes Haus in schöner Lage auf dem Land. Knapp 3 Std. ab Castellina: Vom Wanderweg biegt man nach 2.30 Std. bei der Kreuzung Quattrostrade nach links ab in Richtung San Leonino, vgl. S. 89. **53100 Siena** (Auswahl): Duomo***, Via Stalloreggi 34, ☎ 05 77 28 90 88, Fax 057 74 30 43; Minerva***, Via Garibaldi 72, ☎ 05 77 28 44 74, Fax 057 74 33 43; Lea**, Viale XXIV Maggio 10, ☎/Fax 05 77 28 32 07. Garibaldi*, Via Dupré 18, ☎ 05 77 28 42 04. Alma Domus*, Via Camporegio 37, ☎ 057 74 41 77, Fax 057 74 76 01. Bernini*, Via della Sapienza 15, ☎/Fax 05 77 28 90 47.

Wegbeschreibung und Hinweise: Siehe S. 53 ff. (Tour 12).

Der Süden der Toscana

Zwischen Siena und dem Bolsena-See (11 Tage)

Hinweise

Wanderkarten: Kartenmaterial ist nicht unerläßlich; mit Hilfe der Wegbeschreibung und der Markierungen kann man sich gut orientieren. Eine Groborientierung für den 1.–6.Tag erlaubt die Kompaß-Karte Nr. 653 Pienza–Montalcino–Monte Amiata (1:50000). Genauer sind die Karten Val d'Orcia 1:25000 (1.–4.Tag) und Monte Amiata–Val d'Orcia 1: 50000 (4.–6.Tag), beide von Edizioni Multigraphic Florenz. Für den 7.–11.Tag sind am präzisesten – obwohl veraltet – die topographischen Karten des IGM (Istituto Geographico Militare) Nr. 129 »Santa Fiora« und 136 »Tuscania«, Maßstab 1:100000. Bezugsquelle in Deutschland: Jürgen Schrieb, Karten und Reiseführer, Schwieberdinger Str. 10/2, 71706 Markgröningen, ☏/Fax 071 45-260 78. In Italien u. a.: Libreria Il Viaggio, Borgo Albizzi 41r, Florenz, ☏/Fax 055 24 04 89.

Markierungen: Der Abschnitt von Montalcino bis Pitigliano ist als Fernwanderweg markiert. Auf Teilen der 3. und 4. Etappe weicht die hier vorgeschlagene Streckenführung von dem markierten Weg ab. Die Hinweisschilder am Wege (nicht die Markierungen selbst) sind gelegentlich sehr ungenau, vor allem die Kilometerangaben sind oft grob falsch!

Gepäcktransport: Gepäcktransport wird von manchen Hotels auf Anfrage durchgeführt; die Kosten für eine Fahrt liegen bei rund 2 DM pro Entfernungskilometer. Taxen (etwa gleicher Tarif) gibt es in Torrenieri bei Montalcino (Mancini, ☏ 05 77 83 41 09), in Abbadia San Salvatore am Monte Amiata (Pinzuti, ☏ 05 77 77 95 83 und 05 77 77 77 00), in Castel del Piano (Minucci, ☏ 05 64 96 62 59) und in Pitigliano (Pellegrino, ☏ 05 64 61 68 62).

Anfahrt: Das Kloster Monte Oliveto Maggiore ist nur einmal am Tag mit öffentlichen Verkehrsmitteln erreichbar: **Bus** Siena – Chiusure 13.50 Uhr (Mitte Juni – Mitte Sept. 14.05 Uhr), nur werktags, Fahrzeit 60 Min., von Chiusure noch 20 Min. Fußweg. Siena–Buonconvento werktags 10 Busverbindungen, Fahrzeit 45 Min., ab Buonconvento mit dem **Taxi** (Giorgio Lorenzetti, SHELL-Tankstelle, ☏ 05 77 80 60 94). **Zug** Siena–Asciano/Monte Oliveto werktags 12, sonn- und feiertags 5 Verbindungen, Fahrzeit 35 Min., ab Asciano ebenfalls weiter mit dem Taxi (Nedo Cassioli, Via Peschiera 5, ☏ 05 77 71 82 73). Die Taxifahrt kostet von beiden Orten rund 35000 Lire. Signor Cassioli übernimmt gegen einen Aufpreis von 30 000 Lire auch den Gepäcktransport bis Montalcino. Nach Asciano verkehren mehrmals täglich auch Züge vom Bahnhof Chiusi an der Hauptstrecke Florenz–Rom. Günstige Verbindung aus Deutschland: Nachtzug München–Neapel bis Chiusi (Ankunft 6.55 Uhr), Weiterfahrt nach Asciano werktags 7 bzw. 9.05 Uhr, sonn- und feiertags 10.23 Uhr, Fahrzeit eine Stunde.

Rückfahrt: Von allen Orten zwischen Montalcino und Arcidosso fahren Busse nach Siena, von allen Orten zwischen Bagno Vignoni und Pitigliano Busse nach Grosseto (Bahnanschluß nach Rom und Florenz), von Grádoli und Capodimonte Busse nach Orvieto, Viterbo und Rom. Im allgemeinen verkehrt – nur werktags! – je ein Bus am frühen Morgen und frühen Nachmittag. Für die Rückfahrt nach Deutschland am Schluß der Wanderung ist es empfehlenswert, mit dem Bus nach Orvieto an der D-Zug-Strecke Rom–Florenz zu fahren: ab Grádoli werktags 6.25 und 14.05 Uhr (Umsteigen in San Lorenzo, Fahrzeit rund eine Stunde), ab Capodimonte werktags 8.25 und 10.35 Uhr (Umsteigen in Montefiascone, Fahrzeit rund zwei Stunden). **Auskunft:** Busgesellschaften TRAIN Siena ✆ 05 77 20 41 11, Fax 05 77 22 38 96; RAMA Grosseto ✆ 056 42 52 15; COTRAL Acquapendente (Bolsena-See), ✆ 07 63 73 48 14.

Spezialitäten: Zu den kulinarischen Spezialitäten des Gebiets zählen der Brunello di Montalcino, einer der besten Rotweine Italiens; die Steinpilze *(funghi porcini)* des Monte Amiata; Wildschweingerichte *(cinghiale)* in der Gegend um Sovana und Pitigliano; die Fische (z. B. *coregone* und *persico)* des Bolsena-Sees.

Etappen

Ich schlage vor, die Wanderung in elf Tagesabschnitten zurückzulegen.

1. **Tag:** Anfahrt Siena–Monte Oliveto Maggiore (oder Chiusi–Monte Oliveto Maggiore); Wanderung Monte Oliveto Maggiore–Montalcino (5.45 Std.)
2. **Tag:** Montalcino–Castelnuovo dell'Abate (gut 3 Std.)
3. **Tag:** Castelnuovo dell'Abate–Bagno Vignoni (3.40 Std.)
4. **Tag:** Bagno Vignoni–Vivo d'Orcia (4.30 Std.)
5. **Tag:** Vivo d'Orcia–Castel del Piano (5.20 Std.)
6. **Tag:** Castel del Piano–Roccalbegna (4.45 Std.)
7. **Tag:** Roccalbegna–Semproniano (knapp 3 Std.)
8. **Tag:** Semproniano–Sovana (5.10 Std.)
9. **Tag:** Sovana–Pitigliano (2.35 Std.)
10. **Tag:** Pitigliano–Grádoli (6.25 Std.)
11. **Tag:** Grádoli–Capodimonte (4.30 Std.)

Die wichtigsten Variationsmöglichkeiten:

1. Tag: Wenn man Monte Oliveto Maggiore zu spät erreicht, um noch die lange Wanderung nach Montalcino zu unternehmen, kann man in gut 3 Std. bis Buonconvento gehen und von dort am nächsten Tag nach Montalcino wandern.

2./3. Tag: Trainierte Wanderer können die Strecke Montalcino–Bagno Vignoni an einem Tag zurücklegen.

Am **6.–9. Tag** gibt es darüber hinaus weitere Variationsmöglichkeiten, da man auf diesem Streckenabschnitt in fast jedem Ort ein Hotel findet.

Diese große, schöne Streckenwanderung führt durch die unbekannte Toscana – von den sich endlos wellenden Hügel der Crete südlich von Siena durch das Vulkanmassiv des Monte Amiata zu den Kalk- und Tufflandschaften um Siena und Pitigliano und schließlich an den Bolsena-See im nördlichen Latium. Täglich ändert sich die Landschaft. Man wandert in einem ruhigen, oft sehr einsamen Gebiet. Nach Siena erreicht man keinen Ort mehr, der über 5000 Einwohner zählt. Auf der ganzen Strecke begegnet man keiner Fabrik, keinem Hochhaus, oft stundenlang keinem Auto. Die Dörfer sind zumeist unverbaut; die Natur ist von Menschenhand geformt, aber fast überall ›intakt‹.

Im Frühling – vor allem im Mai und Juni – blüht eine Vielzahl von Blumen am Wege, von den Mohnfeldern des Hügellandes bis zu den Orchideen des Monte Amiata. Im Herbst kommen, nicht weniger schön, auf den gepflügten Feldern die Erdfarben mit ihren Grau-, Braun- und Rot-Tönen zur Geltung.

Diese Wanderung durch harmonische, abwechslungsreiche, ›unzerstörte‹ Natur führt zu zahlreichen Kunstwerken, darunter einigen sehr bedeutenden. Gleich am ersten Tag erreicht man das Kloster von Monte Oliveto Maggiore mit dem schönen Renaissance-Freskenzyklus von Signorelli und Sodoma, gelangt dann zum reizvollen Montalcino und erlebt mit der romanischen Klosterkirche von Sant'Antimo einen künstlerischen Höhepunkt, findet gegen Ende der Wanderung in Sovana eine der interessantesten etruskischen Nekropolen und zwei beeindruckende romanische Kirchen sowie in Pitigliano einen großen mittelalterlichen Ortskern.

Die Übernachtungs- und Verpflegungsmöglichkeiten sind gut. Bei heißem Wetter kann die Wanderung anstrengend werden: Viele Strecken sind schattenlos, die Etappen sind nicht kurz und immer wieder finden sich Anstiege. Man sollte sich nicht völlig untrainiert auf diesen Weg machen. Aber die starken Eindrücke lohnen die Mühen.

Bei Buonconvento

1. Tag

In den Crete Senesi: Von Monte Oliveto Maggiore nach Montalcino

Getreidefelder und Schafweiden bedecken das Land südlich von Siena. Über weite Strecken sieht man kaum einen Baum. Wie Wellen eines erstarrten Meeres ziehen sich die Hügel hin. Eine Landschaft graphischer Akzente: Jedes Haus und jede einzelne Zypresse heben sich klar von der Umgebung ab. Die Wanderung führt durch diese herbe und eindrucksvolle Natur zu dem aussichtsreich gelegenen mittelalterlichen Städtchen Montalcino, in dessen Weinbergen der berühmte »Brunello« gedeiht.

Dauer: 5.45 Std. **Abkürzungsmöglichkeit:** Man kann ab Val di Cava den **Bus** nach Montalcino nehmen, vermeidet damit die letzte Wegstunde mit anstrengendem Anstieg. Verbindung 14.30 Uhr, nur werktags. Fahrkarten sind im Bus nicht erhältlich, sie müssen im voraus gekauft werden (in Siena oder in der Bar von Chiusure). **Variante:** Wanderung Monte Oliveto Maggiore–Buonconvento (3.15 Std.), dort Übernachtung und am nächsten Tag weiter nach Montalcino (4.10 Std.), vgl. S. 136 f.

Charakter: Durch die Dauer und die Anstiege anstrengend, zudem bei Hitze fast schattenlos. Zumeist bequem zu gehende Feld- und Fahrwege, kurze Strecken querfeldein. Nach starken Regenfällen kann der Lehmboden streckenweise aufgeweicht sein.

Einkehrmöglichkeiten: Bar-Ristorante La Torre beim Kloster Monte Oliveto Maggiore (Di Ruhetag, ☎ 05 77 70 70 22). Lebensmittelgeschäfte und Bar auch in Chiusure

Übernachtung: 53041 **Asciano:** Il Bersagliere***, Via Roma 41, ☎ u. Fax 05 77 71 86 29, preisgünstig; Lo Spiedo*, Via Roma 13, ☎ 05 77 71 87 55; **53022 Buonconvento:** Roma**, Via Soccini 14, ☎ 05 77 80 60 21, Fax 0577 80 72 84; **Abbazia di Monte Oliveto Maggiore** (Postanschrift: presso 53022 Buonconvento): Gästehaus, ☎ 05 77 70 76 11, Fax 05 77 70 76 70; **53024 Montalcino:** Dei Capitani***, Via Lapini 6, ☎ 05 77 84 72 27, Fax 05 77 84 72 38; Il Giglio***, Via Soccorso Saloni 49, ☎/Fax 05 77 84 81 67, günstig; Giardino**, Piazza Cavour 2, ☎/Fax 05 77 84 82 57. **Privatzimmer:** Enoteca Pierangioli, ☎ 05 77 84 91 13; Maria Locatelli, ☎ 05 77 84 71 50; Anna Marchetti, ☎ 05 77 84 86 66. **Auskunft** über weitere Privatunterkünfte erhält man beim Touristenbüro, Costa del Municipio 8, ☎/Fax 05 77 84 93 31.

Öffnungszeiten: Kloster Monte Oliveto Maggiore: 9.15–12, 15.15–17 Uhr (im Sommerhalbjahr bis 18 Uhr)

Vom Kloster **Monte Oliveto** aus geht man auf der Asphaltstraße Richtung Asciano. Kurz nach Kilometer-Schild 9 biegt man in einer Linkskurve der Straße bei einem roten Häuschen nach rechts in einen Weg, der sich bald zu einem Pfad verengt. Anstieg in Richtung **Chiusure,** man gelangt zur Straße, geht nach rechts ins Dorf (25 Min.). Man durchquert den Ortskern, verläßt das Dorf in Richtung San Giovanni d'Asso. Die Straße beschreibt am Ortsausgang eine Linkskurve (150 m bevor sie auf die Umgehungsstraße – *circonvallazione* – trifft); in dieser Kurve biegt man nach rechts in einen abwärts führenden Fahrweg.

Auf diesem abwärts, wieder aufwärts, zu einem Querweg und auf diesem nach rechts. Man erreicht das Gehöft **Fornacino** (knapp 1 Std.): links ein neueres weißes Haus, rechts ein kleines Bauernhaus. Zwischen beiden Häusern biegt man in einen kleineren, nach links abzweigenden Weg. Bei einer Gabelung kurz darauf (links ein Gatter) geht man geradeaus. Immer auf dem Kamm weiter, einmal ein verlassenes Haus passierend. Man erreicht einen etwas breiteren Querweg (1.40 Std.), geht in gleicher Richtung wie bisher weiter.

5 Min. später erscheint rechts ein **Haus auf einem Hügel** oberhalb des Weges; 100 m vor diesem Haus biegt man vom Weg nach links und geht auf einer Fahrspur durch ein Feld auf ein in etwa 300 m Entfernung sichtbares Haus zu. (Dieser Weg ist nach starken Regenfällen, bei schwerem Boden, kaum zu begehen; in diesem Fall s. Variante unten.) Vor dem Haus beginnt ein Fahrweg, auf welchem man die nicht-asphaltierte Straße Buonconvento–San Giovanni d'Asso erreicht (2.15 Std.), in der Nähe des von einer schönen Steineiche gekrönten Hügels Poggio Crocione. Auf der Straße geht man 50 m nach rechts, biegt dann in einen Fahrweg nach links.

Variante bei schlechten Bodenverhältnissen

Man bleibt unterhalb des ›Hauses auf einem Hügel ...‹ (s. letzten Absatz) auf dem Weg, geht links unterhalb des Hauses vorbei. Der Weg senkt sich; bei einer Abzweigung (nach rechts) geht man geradeaus,

erreicht das große Anwesen **Olimena** (2.05 Std.). Weiter abwärts, vorbei an einem weiteren Bauernhaus, eine Linkskurve des Weges, dann eine Rechtskurve oberhalb eines Teiches. In dieser Rechtskurve biegt man nach links in einen kleineren Weg, überquert einen Bach, steigt dann steil an zur Straße Buonconvento–San Giovanni d'Asso (2.35 Std.). Auf dieser wendet man sich nach links, passiert das Kirchlein **Pieve a Salti,** dann den Hügel Poggio Crocione. Hinter dem Hügel biegt man nach rechts in einen Fahrweg (3.15 Std.).

Der Fahrweg steigt zunächst an (bei Abzweigungen dem Hauptweg folgen, bei einer Gabelung nach 5 Min. rechts gehen), senkt sich dann, führt an einem Gehöft **(Poggioli)** rechts vorbei, biegt unterhalb des Gehöfts nach links. Man erreicht gut 10 Min. nach dem Gehöft einen Querweg (2.45 Std.). Auf diesem geht man rechts. Bei einer Gabelung vor einem Bauernhaus auf dem Hauptweg nach links, bei einer weiteren Gabelung (bei einer Zypressenallee) nach rechts. Man gelangt absteigend zur **Via Cassia,** der Straße Siena– Rom, beim Kilometer-Stein 195,3 (3.15 Std.).

Man biegt auf der Cassia nach links, geht bis zum Km-Stein 194,7, biegt hinter diesem nach rechts in einen ansteigenden Fahrweg, passiert das Gehöft **Risveglio.** Bei einer Gabelung kurz darauf geht man links (rechts hier ein weiteres Anwesen). Der Weg steigt weiter an, führt auf der Hügelkuppe um ein Haus herum, senkt sich dann für ein kurzes Stück. Auf dem Hügelkamm steigt man dann auf einer Fahrspur nach Süden bergan, in Richtung auf den höchsten Punkt des Hügels **Poggio Gambocci.**

Weinfelder bei Montalcino

100 m unterhalb der Hügelkuppe wendet man sich nach rechts, geht auf einer Fahrspur – bzw. querfeldein – nahezu eben in westlicher Richtung. Nach weiteren 200 m gelangt man zu einem Teich. Man geht rechts an dem Teich vorbei, dann geradeaus an einem Zaun entlang und überquert nach kurzem Stück den Zaun auf einer Eisenstiege. Auf der anderen Seite neben dem Zaun weiter bis zu einer Fahrspur. Hier biegt man nach links, trifft nach ungefähr 50 m vor einem verlassenen Bauernhaus auf einen breiteren Weg, geht wieder nach rechts. Der Weg passiert das Kirchlein **San Sebastiano,** führt weiter in Richtung Montalcino, das auf der Höhe sichtbar wird. Man gelangt bei der Häusergruppe **Val di Cava** zu der Straße Buonconvento–Montalcino (4.35 Std.).

Man überquert die Straße, geht auf einem Fahrweg in gleicher Richtung wie bisher weiter (Wegweiser »Badia Ardenga«). Bei einer Abzweigung nach 50 m geht man geradeaus weiter, zwischen Häusern hindurch, dann bei zwei aufeinanderfolgenden Gabelungen jeweils links. Man überquert nach der zweiten Gabelung einen Bach und steigt auf schmalem Fahrweg steil an bis **Montalcino,** das man durch die Porta Burelli erreicht (5.45 Std. bis Ortsmitte Montalcino; s. a. S. 64).

Monte Oliveto Maggiore

Das Kloster, 1313 gegründet, lange Zeit (insbesondere im 15. und 16. Jh.) bedeutendes religiöses und kulturelles Zentrum. Am Eingang des Klostergeländes ein mittelalterliches Gebäude mit großem Turm (1393 begonnen; im 19. Jh. restauriert). Im Kloster sind sehenswert die Kirche (Chorgestühl mit schönen Intarsienarbeiten von Fra' Giovanni da Verona, 1503–1505), die außerordentlich reiche Bibliothek und der Große Kreuzgang *(Chiostro Grande)* mit dem Freskenzyklus »Leben des Heiligen Benedikt« von Luca Signorelli (1497–98) und Sodoma (1505–1508), einem »der größten Zeugnisse der italienischen Renaissance-Malerei« (Touring Club Italiano, Guida della Toscana). Die Bildinhalte der 36 Fresken sind unter den Gemälden auf italienisch beschrieben; auf deutsch kann man sie in einem kleinen Führer nachlesen, der im Kloster erhältlich ist. Von Signorelli stammen die Fresken an der Westseite des Kreuzgangs, von Sodoma diejenigen der drei anderen Seiten.

Variante Monte Oliveto–Buonconvento–Montalcino

Diese Variante erlaubt es, die Strecke in zwei Abschnitte aufzuteilen (mit Übernachtung in Buonconvento). Sie ist landschaftlich nicht ganz so reizvoll wie der direkte Weg, aber ebenfalls schön. Sie empfiehlt sich vor allem, wenn man Monte Oliveto Maggiore nicht am Vormittag erreichen kann und daher keine Zeit für die lange Tour bis Montalcino bleibt.

1. Tag: Monte Oliveto–Buonconvento

Dauer: 3.15 Std.

Charakter: Leicht, Fahr- und Feldwege

Einkehrmöglichkeiten: Beim Kloster, in Chiusure und Buonconvento

Unterkunft: Im Kloster und in Buonconvento (s. S. 133)

Man folgt zunächst dem oben beschriebenen Hauptweg ab **Monte Oliveto,** nimmt dann (nach 1.45 Std.) die »Variante für schlechte Bodenverhältnisse«. Auf dieser bis zur nicht-asphaltierten Straße San Giovanni d'Asso–Buonconvento (2.35 Std.); hier nach rechts und bis **Buonconvento** (3.15 Std.). In dem Ort mit mittelalterlichem Zentrum starb 1313 der deutsche Kaiser Heinrich VII.

2. Tag: Buonconvento–Montalcino

Dauer: 4.10 Std.

Charakter: Mittelschwer; Fahrwege; ca. 2,5 km auf Asphaltstraßen

Einkehrmöglichkeiten: In Buonconvento und Montalcino

Unterkunft: In Buonconvento und Montalcino (s. S. 133)

Man verläßt **Buonconvento** auf der Straße, auf der man gekommen ist (Via di Percenna, Richtung San Giovanni d'Asso). Nach ca. 500 m, bei einer Kreuzung auf einer Anhöhe (links Schild: »Percenna«) biegt man auf einen Weg nach rechts, folgt diesem Weg mit schönen Ausblicken für etwa 3 km bis zur Straße Siena–Rom **(Via Cassia)**. Auf der Cassia nach links, nach 250 m nach rechts auf die Straße Richtung Montalcino. Dieser folgt man bis zum Kilometer-Stein 1,7, biegt hier in einen Fahrweg nach links (1.30 Std.; Wegweiser »Caparzo«, »Altesina«). Immer dem Fahrweg folgen, bei einer Abzweigung nach rechts (Wegweiser »Altesina«) weiter geradeaus gehen, vorbei am Kirchlein **Santo Stefano** bis zur Siedlung **Val di Cava** (3 Std.). Hier überquert man die Straße Buonconvento–Montalcino, folgt dem Wegweiser »Badia Ardenga«, geht weiter wie im letzten Teil des Hauptwegs beschrieben (s. S. 135), erreicht **Montalcino** nach gut 4 Std.

2. Tag

Von Montalcino nach Castelnuovo dell'Abate

Dauer: Gut 3 Std.

Charakter: Einfache Wanderung auf Pfaden, Fahr- und Feldwegen

Übernachtung: 53020 Castelnuovo dell'Abate: Locanda Sant'Antimo**, ☎ 05 77 83 55 46, Fax 05 77 83 56 15. Privatzimmer: Mariano Addari, ☎ 05 77 84 93 30.

Hinweis: Wenn man die lebhaftere Atmosphäre in Montalcino vorzieht, kann man dort zweimal übernachten, statt am zweiten Wandertag nach Castelnuovo dell'Abate umzuziehen. In diesem Fall fährt man nach der Wanderung mit dem Bus nach Montalcino zurück (Ver-bindungen nur werktags: ab Castelnuovo 14.25 Uhr, Mo–Fr auch 16.50 Uhr; die Busse fahren manchmal bis zu 15 Min. vor der fahrplanmäßigen Zeit!). Fahrzeit 15 Min., Fahrkarten sind nur in Montalcino erhältlich, nicht im Bus. Rückfahrt Montalcino–Castelnuovo werktags 7 und 13.40 Uhr.

Wegbeschreibung: Siehe S. 63 (Wanderung 15)

3. Tag

Romantische Burgen und einsame Gehöfte: Von Castelnuovo dell'Abate nach Bagno Vignoni

Hinter Castelnuovo beherrscht der markante Vulkankegel des Monte Amiata das Landschaftsbild. Die Natur wird dunkler, geheimnisvoller, ›romantischer‹. Zu diesem Eindruck tragen der ausgedehntere Wald, die tiefen Schluchten der Flüsse, die Burgen von Ripa d'Orcia und Rocca d'Orcia bei. Zugleich aber bieten sich auch typisch ›südliche‹ Ausblicke auf die geformte Landschaft des Weinbaus und der Ölbaumkulturen. Den abschließenden Höhepunkt bilden die warmen Thermalquellen von Bagno Vignoni, in denen schon Lorenzo dei Medici badete.

Dauer: 3.40 Std.

Charakter: Mittelschwer, weitgehend schattenlos; meist breite Wege, gelegentlich schmale Pfade

Markierung: Auf zwei Dritteln der Strecke (bis hinter Ripa d'Orcia) folgt man dem rot-weiß markierten Weg Nr. 6, auf dem letzten Stück roten Punkten und Pfeilen.

Einkehrmöglichkeiten: In Castelnuovo dell'Abate (Mo geschlossen) und in Bagno Vignoni

Unterkunft: 53020 Bagno Vignoni: Le Terme***, ✆ 05 77 88 71 50, Fax 05 77 88 74 97; Posta Marcucci***, ✆ 05 77 88 71 12, Fax 05 77 88 71 19: anspruchsvoller, aber wesentlich teurer als das Terme

Unterhalb von **Castelnuovo dell' Abate** (Bushaltestelle an der Abzweigung der Straße zur Kirche Sant'Antimo) geht man am Restaurant Basso Mondo vorbei, hügellaufwärts (Wegweiser: »San Giorgio«, »Mastroianni«). Der Weg steigt zunächst in nordöstlicher Richtung leicht an. Bei einer Gabelung, 200 m von der Straße entfernt, geht man geradeaus (den linken Weg). Schöne Blicke nach links auf Sant'Antimo. Bei einer Abzweigung zum Anwesen San Giorgio (15 Min.) geht man geradeaus weiter. Ein weiteres Bauernhaus; der Weg erreicht seinen vorerst höchsten Punkt, senkt sich etwas, verläuft dann fast eben bis zu einem weiteren Anwesen (35 Min.). Anschließend steigt der Weg steiler ab.

Man passiert neuerlich ein Haus (linker Hand, 55 Min.). Einige Minuten später biegt man oberhalb eines Tunnels der Bahnlinie Siena - Grosseto in einen nach links abzweigenden Weg. (Für ein kurzes Stück weicht man hier von der rotweißen Markierung ab). Nach ca. 200 m gelangt man zu einer Bahnbrücke über den **Fluß Asso**. Man geht auf der Brücke über den Fluß, steigt am anderen Ufer nach rechts den Bahndamm hinab, trifft auf einen Weg und folgt ihm nach links. Man gelangt nach 100 m zu einem

Querweg, geht hier nach rechts, erreicht in einem längeren Anstieg ein Gehöft und schließlich den Bauernhof **Caggiolo** (1.40 Std.). Gleich hinter dem Haus geht man bei einer Gabelung rechts, steigt weiter an. Gut 10 Min. später biegt man – unmittelbar vor einer deutlichen Linkskurve des Hauptwegs – in einen schmaleren Weg nach rechts. Nach einem Stück im Wald wird die Sicht frei auf die Burg **Ripa d'Orcia**. Man geht bis zu einem Kirchlein bei der Burg und trifft dort auf einen breiten Fahrweg, dem man nach links folgt (2.15 Std. – Ein kurzer Abstecher zur Burg lohnt wegen der schönen Aussicht auf das Orcia-Tal).

Man steigt für knapp 10 Min. an, biegt dann vor einem dichten Zypressenhain nach rechts in einen schmaleren Weg ein (rot-weiße Markierungen, Zeichen »AT«). Ab hier bis **Bagno Vignoni** (3.40 Std.) wie auf S. 69 ff beschrieben (Tour 16, vorletzter Absatz).

wie auf S. 69 ff beschrieben (Tour 16, vorletzter Absatz).

4 . T a g

Auf dem Weg zum Monte Amiata: Von Bagno Vignoni nach Vivo d'Orcia

Ein Anstieg aus dem mediterranen Hügelland mit seinen Zypressen, Ölbäumen und Getreidefeldern in die Region der Kastanien- und Buchenwälder, aus dem hellen Grün und Gelb der Felder und Wiesen in die dunklen Farben des Waldes. Am Ziel, in Vivo d'Orcia, fühlt man sich nicht mehr im Süden: Grau verputzte Häuser drängen sich am Hang des Amiata zusammen, es ist kühler als im Tal, wir sind im Gebirge.

Dauer: 4.30 Std. **Abkürzungsmöglichkeit:** Teilstück Bagno Vignoni–Castiglione d'Orcia mit dem Bus zurücklegen (ab Bagno Vignoni 12 Uhr, nur werktags)

Charakter: Anstrengend aufgrund der streckenweise steilen Anstiege. Größere und kleinere Fahrwege, Feldwege, kürzere Strecken auf schmalen Pfaden, zu Beginn 15 Min. auf Asphaltstraße

Einkehrmöglichkeiten: In Bagno Vignoni, Castiglione d'Orcia, I Lecci (Bar, Di geschlossen), Vivo d'Orcia

Unterkunft: 53020 Castiglione d'Orcia: Le Rocche*, Via Senese 10, ☏ 05 77 88 70 31; 53020 Vivo d'Orcia: Flora**, Via IV Novembre 18, ☏ u. Fax 0577873724: zentrale Lage, gute Küche, freundlicher Empfang; Amiata**, Via Amiata 212, ☏ 05 77 87 37 90: etwas ungünstiger am Ortsrand abseits der Wanderroute gelegen.

Man verläßt **Bagno Vignoni** auf der Asphaltstraße, welche in östlicher Richtung zur **Via Cassia** führt. Auf der Cassia, die man nach wenigen Minuten erreicht, biegt man nach rechts, überquert den Fluß Orcia. Kurz darauf zweigt nach rechts die Straße nach Castiglione d'Orcia ab; man geht hier geradeaus weiter auf der Cassia, überquert ein weiteres Flüßchen, geht gleich danach links, im Bogen unter der Brücke hindurch (15 Min.) und parallel zum Fluß in südlicher Richtung.

Nach gut 10 Min. auf diesem Weg gelangt man zu einer Wegkreuzung, biegt nach rechts und 50 m danach auf einen schmaleren, nach links abzweigenden Weg. Auf diesem überquert man einen kleinen Fluß, steigt dann an in Richtung auf die Burg von Rocca d'Orcia. Man gelangt zu einem Bauernhaus, biegt hier bei einer Weggabelung nach links, geht dicht an dem Haus vorbei und steigt weiter aufwärts. Man erreicht die Staatsstraße 323, biegt auf ihr nach links

Castiglione d'Orcia

(45 Min.). Nach 200 m auf der Straße biegt man in einen nach rechts ansteigenden Fahrweg. Dieser gelangt neuerlich zu einer Straße. Kurz darauf erreicht man eine Gabelung, bei der man der Straße nach links aufwärts folgt (Wegweiser »Castiglione d'Orcia«). Wenig später biegt man in ein nach rechts steil ansteigendes Sträßchen, welches unterhalb der Burg von **Rocca d'Orcia** zu einer Querstraße führt, auf der man nach links geht. Bei der nächsten größeren Querstraße rechts, zum Zentrum von **Castiglione d'Orcia** (Piazza Unità Italiana; 1.10 Std.; Bar, Lebensmittelgeschäfte).

Auf der Piazza geht man links am Brunnen vorbei in die Straße Borgo Vittorio Emanuele, biegt von dieser nach wenigen Metern links ab in die Via Capitano Innocenzo Ricci, kommt zur Kirche Santi Stefano e Degna (schönes Madonnenbild des sienesischen Malers Pietro Lorenzetti in einer Seitenkapelle links vorn), verläßt vor der Kirche durch ein Tor die Stadt, überquert die Asphaltstraße und folgt einem abwärts führenden Fahrweg. An einer ersten Gabelung geht man rechts (eine Markierung weist hier nach links, man folgt ihr nicht), bei einer Abzweigung – auf einer kleinen Kuppe – hält man sich geradeaus. 50 m hinter der Kuppe biegt man in einen Weg nach links abwärts. Man kommt zu einem breiten Querweg (1.30 Std.), auf dem man sich nach rechts wendet. Über eine Brücke, vorbei am Gehöft **Palazzo** (1.50 Std.); in einem breiten Tal – immer dem Fahrweg folgend – aufwärts. Rechts der bewaldete Hügel Poggio Uccello.

Man trifft auf einen Querweg (2.10 Std.), geht rechts. Man folgt für etwa 20 Minuten dem Hauptweg, der sich in ein kleines Quertal senkt und dann eben verläuft. Schließlich biegt in einer Linkskurve des Weges ein durch eine Schranke versperrter Weg nach rechts ab. Man schlägt diesen Weg ein. Er steigt in einem Linksbogen an und führt nach rund 10 Min. links an dem verlassenen Anwesen San Martino vorbei. Man geht noch 100 m geradeaus und biegt dann bei einem Leitungsmast scharf nach links abwärts auf einen schmaleren Weg. Gleich darauf passiert man ein Gatter und wendet sich dahinter nach rechts auf eine Fahrspur, die an einem Feldrand aufwärts führt und dann nach links biegt. Zwischen Feld und Böschung gelangt man zu einem weiteren Gatter, findet dahinter einen deutlicheren Weg und folgt ihm in einen Wald. Man steigt knapp 30 Min. – stellenweise steil – im Wald an. Auf der Höhe zweigt ein Weg nach rechts ab; man bleibt auf dem Hauptweg, der hier nach links biegt. Einige Minuten später gelangt man zu einem Querweg, geht nach rechts. In kurzem Anstieg erreicht man die Straße Castiglione–Vivo d'Orcia beim Centro Agrituristico **I Lecci** (3.20 Std.; Bar).

Man geht auf der Straße nach links, wendet sich hinter dem Haus nach rechts in einen breiten Fahrweg (Schild: »Strada Panoramica«). Dieser senkt sich kurz und steigt dann kräftig an. Nach rund 15 Min. führt er unter einer Hochspannungsleitung hindurch, nach weiteren 5 Min. zweigt vor einer Linkskurve bei zwei großen Findlingsblöcken ein Weg nach rechts ab. Man bleibt hier noch auf dem Hauptweg, nimmt nach weiteren 100 m den nächsten nach rechts abzweigenden Weg, indem man auf einer Stiege einen Zaun überklettert. Der Weg biegt nach links und senkt sich in ein bewaldetes Tal. Man sieht in der Höhe kurz das Kloster Eremo bei Vivo d'Orcia und passiert dann das verlassene Anwesen **Colombaio** (etwa 50 m rechts vom Wege). Danach steigt der Weg leicht an und ist streckenweise grasüberwachsen. Der Anstieg wird steiler, man kreuzt einen Querpfad, geht zwischen zwei verlassenen Häusern hindurch und gelangt zu einem Zaun, hinter dem man auf einen Querweg trifft. Man biegt nach links und geht zwischen den Gebäuden des ehemaligen **Kamaldulenser-Klosters Eremo** hindurch (4.20 Std.). Die heutigen Gebäude stammen vorwiegend aus dem 16. Jh. Keine Innenbesichtigung möglich

Gegenüber der Kirche wendet man sich wieder nach links in das Asphaltsträßchen Borgo Principale. Bei der nächsten Querstraße geht man rechts und erreicht in einigen Minuten **Vivo d'Orcia** (4.30 Std.).

Rocca d'Orcia und Castiglione d'Orcia

In beiden mittelalterlichen Orten in schöner, aussichtsreicher Lage zwischen dem Orcia-Tal und dem Monte Amiata steht eine Burg aus dem 14. Jh. In Castiglione d'Orcia ist auch die Kirche Santi Stefano und Degna sehenswert, in der ein schönes Madonnenbild des sienesischen Künstlers Pietro Lorenzetti (frühes 14. Jh.) aufbewahrt wird.

5 . T a g

Am Monte Amiata: Von Vivo d'Orcia nach Castel del Piano

Die Wanderung an den Hängen des vulkanischen Amiata-Massivs führt meist durch offenes Gelände mit weiten Blicken; man schaut auf das Hügelland des Ombrone-Tals, zum Amiata-Gipfel und auf die hübschen alten Dörfer am Wege. Nach zunächst nur leichtem Auf und Ab gelangt man in einem längeren Abstieg nach Seggiano; am Schluß geht es vor dem Ziel Castel del Piano gut eine Stunde bergauf.

Dauer: 5.20 Std. **Abkürzungsmöglichkeit:** Busse von Seggiano nach Castel del Piano fahren um 14.30 (werktags) und 19.10 Uhr (Mo–Fr).

Charakter: Anstrengend; längerer Abstieg zwischen Trefonti (748 m) und Seggiano (471 m), knapp 300 m Anstieg vor Castel del Piano (637 m); insgesamt rund 500 m. Meist breite Wald- und Feldwege; 45 Min. auf kaum befahrenen Asphaltsträßchen.

Markierung: Rot-weiß, bis Seggiano Weg Nr.3, von Seggiano bis Castel del Piano Weg Nr.4.

Einkehrmöglichkeiten: In Seggiano und Castel del Piano. Etwas abseits der Wanderroute befindet sich in Pescina (Abstecher von Trefonti, 25 Min. hin und zurück) ein gutes Restaurant: Silene (✆ 05 64 95 08 05, Mo geschl.)

Unterkunft: 58038 Seggiano-Pescina: Silene***, Via Capo Vetra 8, ✆/Fax 05 64 95 08 05; La Scottiglia**, Via Amiata 29, ✆/Fax 05 64 95 09 93; **58033 Castel del Piano:** Impero***, Via Roma 7, ✆ 05 64 95 53 37, Fax 05 64 95 50 25; Da Venerio**, Piazza Carducci 18, ✆ 05 64 95 52 44; Stella**, Via P. Stella, ✆ 05 64 95 53 91, Fax 05 64 95 54 78 (10 Min. außerhalb in Richtung Monte Amiata); Amiata*, Via Alighieri 10/C, ✆/Fax 05 64 95 54 07; Poli**, Piazza Garibaldi 8, ✆ 05 64 95 52 87.

Blick über die Dächer von Santa Fiora

In **Vivo d'Orcia** nimmt man vom Ortszentrum die Via Amiata in Richtung Hotel Flora/Eremo (Wegweiser). Nach 100 m geht man in einer Rechtskurve der Straße geradeaus in die Via dell'Eremo. Nach wenigen Minuten über eine Brücke nach links (die Markierungen weisen hier auch geradeaus und können irreführen!). Man biegt vor der Kirche **Eremo** nach rechts und geht vor dem folgenden Anwesen nach links hinab. Abstieg zu einem Bach, danach kurz bergauf und weiter im Wald. Bei einer Gabelung 10 Min. nach der Bachüberquerung hält man sich links.

Eine Viertelstunde später erreicht man ein Schottersträßchen (35 min ab Vivo), biegt nach links aufwärts (Markierungen weisen in beide Richtungen) und erreicht die Straße Seggiano – Vivo an der Provinzgrenze Siena/Grosseto. Auf der Straße geradeaus weiter. Nach 50 m (gleich hinter dem Schild »Schleudergefahr«) führt der markierte Weg steil nach rechts über eine Böschung hinab; man muß hier einen niedrigen Stacheldrahtzaun übersteigen. (Wer dieses Wegstück vermeiden will, geht auf der Straße noch knapp 5 Min. weiter, biegt dann bei einem Brunnen nach rechts in den Weiler Altore. Am Ende der Häusergruppe geht man steil nach rechts hinab zu einem breiteren Weg und folgt ihm abwärts. Weiter wie ab übernächstem Satz.)

Am Rand des Weilers **Altore** (knapp 1 Std.) biegt man bei einem großen weißen Haus nach rechts abwärts. Der Weg senkt sich mit schöner Aussicht auf den Gipfel des Amiata, das Ombrone-Tal und das Mittelgebirge der Colline Metallifere im Westen. Nach einer Bachüberquerung steigt er wieder an zum Weiler **Poggiolo** (1.20 Std.). Gut 5 Min. danach, kurz bevor der Weg wieder auf die Straße Vivo – Seggiano trifft, biegt man nach rechts. Gleich darauf kommt bei klarer Sicht im Südwesten das Meer in den Blick. Knapp 10 Min. später geht man bei einer Wegverzweigung am Waldrand nach links. Nach weiteren 10 Min. biegt man in einen kleineren Weg nach rechts aufwärts zur Häusergruppe **Trefonti** (1.50 Std.).

Auf der Straße nach rechts. Nach knapp 1 km, kurz hinter dem Km-

Schild 1, schlägt man einen breiten Weg nach rechts ein (2 Std.; an der Abzweigung keine Markierung!). (Bleibt man auf der Straße, so erreicht man in knapp 15 Min. das Dorf **Pescina** mit zwei Hotels und Restaurants, s. S. 141).

Der Weg gabelt sich nach wenigen Minuten (Markierungen in beide Richtungen). Man folgt dem breiteren Weg nach links und geht 30 m weiter bei der nächsten Gabelung rechts abwärts. Bald erscheint links unterhalb Seggiano im Blickfeld. Bei der nächsten Wegverzweigung – oberhalb eines verlassenen Hauses – hält man sich links; beim folgenden Querweg (Markierungen in beide Richtungen) geht es wieder nach rechts.

Bald darauf biegt man direkt vor einer Häusergruppe (2.30 Std.) nach links und steigt ab nach **Seggiano** (3 Std.). Am Ortsanfang, vor der Bar La Fonte, führt ein Abstecher nach links in wenigen Minuten zur Renaissance-Kirche Madonna della Carità. Man steigt zum alten Ortskern an, nimmt in der ersten Linkskurve der Zufahrtsstraße die nach rechts steil ansteigende Via di S.Rocco. 50 m vor einem alten Stadttor weist die Markierung bei einer Kapelle nach rechts. Empfehlenswert ist hier zunächst ein Abstecher in das verwinkelte Zentrum. Man kehrt dann zu der Kapelle zurück und verläßt Seggiano auf dem markierten Weg, vorbei an einem kleinen Fußballplatz. Im Tal gelangt man zur Hauptstraße (N 323), geht über eine Brücke, biegt gleich danach in ein Sträßchen nach links, dem man für knapp 15 Min. folgt. Man schlägt dann einen nach links abzweigenden Fahrweg ein (Wegweiser »Agriturismo Poggio Velluto«). Der Weg passiert die Burg **Potentino** (3.35 Std.). Bei einer Abzweigung fünf Minuten später biegt man

auf einen ansteigenden Weg nach rechts. Mit schönen Blicken auf Seggiano, Castel del Piano und den Amiata-Gipfel aufwärts bis zu einem Schottersträßchen, auf dem man sich nach links wendet. Der Weg senkt sich in südlicher Richtung. Nach 15minütigem Abstieg folgt man bei einer Wegverzweigung (Schild »18 t«) dem Hauptweg nach links abwärts und erreicht kurz darauf eine Bachbrücke (4.15 Std.).

Anstieg bis zu einem Quersträßchen, man biegt nach rechts. 600 m auf dem Sträßchen, dann biegt man gegenüber des Anwesens Nr. 175 in einen Weg nach rechts (Wegweiser »Noceto«). Ein streckenweise steiler Anstieg – am Schluß unter Kastanienbäumen – führt hinauf nach **Castel del Piano** (5.20 Std.).

Seggiano und Castel del Piano

Beide Orte haben alte Zentren, deren Anlage noch auf das Mittelalter zurückgeht. Am Rand von Seggiano steht die große Kirche Madonna della Carità aus dem 16.Jh., im Ortskern ist das Kirchlein San Rocco mit Fresken aus dem 15.Jh. sehenswert.

6 . T a g

Von Castel del Piano nach Roccalbegna

Durch eine einsame und eindrucksvolle Landschaft der Schafweiden, Kastanienwälder und kleinen Bachtäler erreicht man das unter großen Kalkfelsen gelegene Roccalbegna. Vom Kamm des Monte Labbro genießt man einen weiten Ausblick über die südliche Toscana.

Dauer: 4.45 Std. **Abkürzungsmöglichkeit:** Von Castel del Piano nach Arcidosso fahren Busse werktags 7.50, 10.10, 11.15, 12.30, 13 Uhr, So u. Fei 7.50 und 13 Uhr.

Charakter: Anstrengende Wanderung mit rund 550 m Anstiegen. Meist breite Wege, kurze Stücke auf schmalen Pfaden.

Markierung: Rot-weiß, bis Arcidosso Weg Nr.5, Arcidosso- Roccalbegna Nr.6.

Einkehrmöglichkeiten: In Arcidosso und Roccalbegna.

Unterkunft: 58031 Arcidosso: Dayana***, Via Risorgimento 4, ✆ u. Fax 05 64 96 64 06. Toscana***, Via Lazzaretti 47, ✆ 05 64 96 74 86, Fax 05 64 96 70 00. **58053 Roccalbegna:** La Pietra*, Via XXIV Maggio 19, ✆ 05 64 98 90 19. Frühzeitige Vorbestellung empfohlen, da die Besitzer gelegentlich abwesend sind, auch unter ✆ 030 24 10 996.

Man verläßt **Castel del Piano** auf der Straße in Richtung Arcidosso/Santa Fiora. Nach 10 Min. biegt man hinter dem Hotel Impero nach rechts in ein kleineres Sträßchen. Es führt gleich zu einer Querstraße (Via F. Turati). Hier schlägt man einen nicht-asphaltierten Weg nach links ein. Man folgt ihm nach wenigen Minuten in einer leichten Rechtsbiegung, wendet sich sofort danach bei einem Brunnen nach links, gelangt zu einem Quersträßchen, geht links. 50 m danach nimmt man den ersten nach rechts abzweigenden Weg, gleich darauf geht man vor dem Haus Nr. 16 wieder nach rechts in einen absteigenden Pfad. Man gelangt zu einer Straße, biegt nach rechts; bei einer Wegverzweigung 100 m danach hält man sich links. Auf asphaltiertem Weg

durch die Häusergruppe **Fornaci** (30 Min.). Bei einer Wegverzweigung hinter dem letzten Haus auf dem kleineren Weg geradeaus abwärts. Kurz bevor man im Tal einen Bach erreicht, nimmt man einen nach links abzweigenden Pfad. Auf einer Brücke über den Bach (40 Min.), kurzer Anstieg zu einem Sträßchen. Nach links und beim nächsten Quersträßchen nach rechts. Sobald man die Hauptstraße erreicht, biegt man scharf in ein kleineres Sträßchen nach rechts. Anstieg zum Ortszentrum von **Arcidosso** (55 Min.)

Man verläßt Arcidosso auf der Straße in Richtung S.Fiora. Am Ortsrand, vor einem **Gedenkstein für Davide Lazzaretti** (vgl. Monte Labbro, S. 145) nimmt man einen nach rechts ansteigenden Weg. Man folgt zwischen Schafweiden immer dem markierten Hauptweg. Nach rund 40 Min. erreicht man einen lichten Kastanienwald. Kurz darauf geht man bei einer Kreuzung oberhalb eines Anwesens **(Case Pecorino,** 1.35 Std.) nach links aufwärts.

Etwa 10 min. später beginnt der Hauptweg sich wieder zu senken. Hier zweigt man nach links ab auf einen weiter ansteigenden kleineren Weg, der sich bald zum Pfad verengt und mit schöner Aussicht auf der Hügelkuppe verläuft. Man erreicht einen breiteren Weg bei den Gebetsfahnen des buddhistischen Klosters **Dzog-Chen** (2.05 Std.). Es wurde von einer Gruppe aus Tibet emigrierter Mönche gegründet. Die Einheimischen bezeichnen den Ort mit seinem italienischen Namen Merigar.

Man passiert ein gelbes Haus (bei Interesse an der Besichtigung des Tempels hier anfragen). Bei der nächsten Abzweigung rechts halten, bei einer weiteren Wegverzweigung links gehen, dann auf breitem Fahrweg weiter, bis man bei einer geothermischen Anlage der Elektrizitätsgesellschaft ENEL ein Schottersträßchen erreicht. Nach rechts, in gut 5 Min. zur Straße Arcidosso-Semproniano (2.30 Std.).

Man biegt nach rechts in den breiten Fahrweg in Richtung Monte Labbro (Hinweisschilder). Ein allmählicher Anstieg führt auf den Bergkamm (3.15 Std.). Bei einer Gabelung unterhalb des Gipfels hält man sich links. Der Weg verläuft für ein kurzes Stück eben und senkt sich dann nach rechts abwärts. Bei klarer Sicht blickt man bis zum Meer.

Man folgt nun immer diesem breiten Weg abwärts; schöne Blicke bis zu den Bergen am Bolsena-See und zum Monte Argentario. Nach gut einer Stunde Abstieg kommt man zu einer Wegkreuzung und biegt hier in einen schmalen grasbewachsenen Weg nach rechts abwärts. Auf diesem Maultierpfad geht man bergab bis zu einer Straße, hält sich rechts und erreicht in wenigen Minuten den schön gelegenen Ort **Roccalbegna** (4.45 Std.) mit romanischer Kirche Santi Pietro e Paolo (13. Jh.) und kleinem Museum (Triptychon von Ambrogio Lorenzetti, 14. Jh.).

Arcidosso

Der Ortskern von Arcidosso wird von der mittelalterlichen Festung Rocca Aldobrandesca beherrscht. Bemerkenswert sind auch das gotische Stadttor Porta dell'Orologio und die im 12. Jh. errichtete, im 16. Jh. umgebaute Kirche S.Leonardo. Am Südwestrand des Orts steht die Kirche Madonna Incoronata mit einem Innenraum im Renaissance-Stil. Sie wurde nach der Pest von 1348 gebaut und im 15.Jh. umgestaltet.

Monte Labbro (1193 m)

Einzeln stehender Berg zwischen dem Amiata-Massiv und dem Gebiet der Maremma. Am Monte Labbro siedelte in der zweiten Hälfte des 19. Jh. die sozialrevolutionäre Sekte der »Giurisdavidici« unter der Führung von Davide Lazzaretti, der 1878 bei einer Demonstration in Arcidosso von Carabinieri erschossen wurde. Lazzarettis religiös begründete Vorstellungen von einer egalitären Gesellschaft haben noch heute im Gebiet des Monte Amiata zahlreiche Anhänger.

7. Tag

Auf alten Hirtenwegen: Von Roccalbegna nach Semproniano

Dauer: 3 Std.

Charakter: Mittelschwer; Fahrwege und Maultierpfade, zu Beginn gut 1 km auf wenig befahrener Landstraße. Nach sehr starken Regenfällen muß man bei einer Bachüberquerung Schuhe und Strümpfe ausziehen.

Markierung: Rot-weiß, Weg Nr.7

Einkehrmöglichkeiten: In Roccalbegna und Semproniano

Übernachtung: 58055 Semproniano: La Pieve*, ✆/Fax 05 64 98 72 52, von Lesern immer wieder gelobt.

Hinweise: Bitte schließen Sie alle Gatter am Weg sorgfältig!

Wegbeschreibung: Siehe Tour 19, S. 78 ff.

8 . T a g

Von Semproniano nach Sovana

Dauer: 5.15 Std

Charakter: Einfach; bis Scalabrelli breiter Fahrweg, dann Fahrwege, Feldwege; kurze Strecken auf schmalen Pfaden und querfeldein. Zweimal ca. 1/2 Std. auf kaum befahrenen Asphaltstraßen.

Markierung: Von Semproniano bis zur Fiore-Brücke rot-weiß, bis San Martino Weg Nr. 9. Auf den Hinweistafeln am Wanderweg wird der Ort Scalabrelli irrtümlich als »Catábbio« bezeichnet!

Einkehrmöglichkeiten: Semproniano, San Martino sul Fiora und Sovana. Trinkwasser auch in Scalabrelli und an mehreren Stellen zwischen Scalabrelli und San Martino.

Öffnungszeiten: Etruskergrab

Tomba Ildebranda: Sommerhalbjahr 9–18 Uhr, Oktober bis März 10–13 und 15–17.30 Uhr

Übernachtung: 58010 Sovana: Scilla***, Via del Duomo 5, ✆ 05 64 61 65 31, Fax 05 64 61 43 29, gefühlvoll restauriertes, angenehmes Hotel; Taverna Etrusca***, ✆ 05 64 61 61 83, Fax 05 64 61 41 93. Beide Hotels haben gute Restaurants.
Privatzimmer: Giuseppe Santarelli, ✆ 05 64 61 61 86

Wegbeschreibung: Siehe Tour 20 und 21, S. 80 ff.

9 . T a g

Von Sovana nach Pitigliano

Dauer: 2.30 Std.

Charakter: Die Wanderung ist nicht anstrengend, verläuft aber

Etruskischer Hohlweg »Cavone« bei Sovana

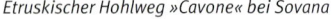

streckenweise auf schmalen, steinigen Pfaden in Tuffschluchten. Fahrwege und Pfade, 15 Min. auf einem Asphaltsträßchen ohne Verkehr

Markierung: rot-weiß

Einkehrmöglichkeiten: In Sovana und Pitigliano

Hinweise: Bitte schließen Sie mit Rücksicht auf die Bauern alle Gatter am Wege sorgfältig!

Übernachtung: 58017 **Pitigliano:** Guastini**, Via Petruccioli 4, ☎ 05 64 61 60 65, Fax 05 64 61 66 52

Wegbeschreibung: Siehe Tour 22, S. 86 ff.

10. Tag

Der stille See: Von Pitigliano nach Grádoli

Die Wanderung führt – nunmehr im nördlichen Latium – durch den Krater von Valentano, der vor allem mit Getreidefeldern bedeckt ist, zum einsamen Lago di Mezzano. Eine Atmosphäre der Ruhe umhüllt das kaum besiedelte Gebiet. Keine Straße führt an den kleinen Vulkansee, der sich für eine lange Mittagsrast und zum Baden anbietet. Es geht weiter zum Dorf Látera und über den Kraterrand nach Grádoli, einem Dorf mit weiter Aussicht über den Bolsena-See.

Dauer: 6.25 Std.

Charakter: Anstrengend nur aufgrund der langen Dauer, weitgehend schattenlos. Meist bequeme Fahrwege; 1,5 km auf Asphaltstraße

Einkehrmöglichkeiten: In Pitigliano und Grádoli. Bars auch in Látera und Cantoniera di Látera, Geschäfte in Látera

Übernachtung: 01010 **Grádoli:** La Ripetta***, Via Roma 38, ☎ 07 61 45 61 00, Fax 07 61 45 66 43

In **Pitigliano** (s. a. S. 88) geht man vom Platz vor dem Hotel Guastini (Piazza Francesco Petruccioli) abwärts in den Treppenweg Via dei Lavatoi. Vorbei an alten Waschhäusern, bei einem Querweg links, dann auf der Straße rechts, gleich darauf bei einer Straßengabelung links. Man überquert auf einer Brücke den Bach Meleta, biegt unmittelbar dahinter nach links in einen Weg. Vor einem Gatter geht man rechts, in schöner Tuffschlucht aufwärts, weiter in südlicher Richtung bis zu einer Kreuzung, bei der man links in eine Straße biegt (gut 20 Min.).

Man folgt der Straße für gut 1 km, biegt dann – wenige Minuten nach dem Schild »Bolsena 31 km«, kurz vor einer Rechtskurve der Straße – in einen Fahrweg nach links (40 Min.). Bei einer Gabelung geht man rechts, steigt leicht an (55 Min.). Bei folgenden Abzweigung nach rechts (rechts ein dunkelrotes Haus) geht man geradeaus, bei einer zweiten Abzweigung (kurz vor einer Stromleitung) biegt man in einen holprigen, ansteigenden Fahrweg nach rechts (1.05 Std.).

Bei einer Gabelung nach rechts (bitte Viehgatter schließen!), dann gelangt man zu einer Straße (1.25 Std.). Man geht nach links, steigt auf der Straße an.

(Bei **feuchtem Untergrund** stattdessen hier besser auf der Straße nach rechts gehen, 10 Min. später nach links in einen Fahrweg biegen, vorbei an einem orange gestrichenen Haus zu einer Brücke; weiter wie im nächsten Absatz: »Auf dem Fahrweg ...«)

Nach 150 m auf dem Sträßchen passiert man ein Bauernhaus, biegt nach weiteren 100 m nach rechts, geht auf einer Fahrspur bzw. querfeldein zwischen Feldern in südöstlicher Richtung. Nach einigen Minuten erreicht man ein Gehölz, hält sich an dessen rechter Seite, gelangt bei einer Brücke zu einem **Fahrweg**, biegt nach links (1.40 Std.). Auf dem Fahrweg nach knapp 10 Min. über einen weiteren Bach; gleich danach eine Rechtskurve unterhalb des auf einem Hügel gelegenen Anwesens **Sconfi** (1.50 Std.).

150 m nach der Rechtskurve biegt man nach links in einen in östlicher Richtung leicht ansteigenden Fahrweg. Auf diesem immer Richtung Osten bis zu einer Wegkreuzung (2.20 Std.). Hier geradeaus weiter, auf einer Fahrspur an einer Hecke entlang. Schöner Weg durch die Felder, immer an der Hecke entlang bis zu einem – meist ausgetrockneten – Bach, weiter auf der Fahrspur bis zu einem Bauernhaus (2.35 Std.), bei dem man auf einen Fahrweg trifft.

Man geht in gleicher Richtung wie bisher weiter, trifft auf einen von rechts kommenden breiteren Weg, geht weiter geradeaus bis zu einer **Linkskurve** dieses Weges (2.45 Std.). Die Wanderung nach Látera führt hier (auf kleinerem Weg) geradeaus weiter.

Es empfiehlt sich jedoch unbedingt der **Abstecher** zum **Lago di Mezzano**, einem kleinen See im Krater von Valentano: auf dem Hauptweg nach links gehen, wenige Minuten später vor zwei Stallgebäuden nach rechts

auf einen Pfad biegen, welcher an einer Hecke entlang zum See (knapp 3 Std.) führt. Der nahezu kreisrunde, maximal 36 m tiefe See füllt eine trichterförmige Höhlung aus, vermutlich einen kleinen Krater. Auf seinem Grund wurden Funde aus der Bronzezeit gemacht (heute im Museum Villa Giulia in Rom).Sehr schöner Platz am Ufer (Badegelegenheit). Auf gleichem Weg zurück zur »Linkskurve« (s. o.). Dauer 15–20 Min.

Auf dem Weg Richtung Látera (s. o.; vom See kommend also nach links biegen) geht man auf dem Kraterrand des Sees. Man folgt dem Weg eine knappe halbe Stunde (bei zwei Kreuzungen jeweils geradeaus gehen). Am Schluß bei klarer Sicht nach rechts Blick auf das Meer. Bei einem Querweg (3.30 Std.) nach links, Abstieg zu dem Bauernhof **Fra Viaco** (3.40 Std.). Unmittelbar hinter dem Bauernhof bei einer Gabelung auf dem kleineren Weg nach rechts. Nach 50 m biegt der Weg zwischen Zäunen nach rechts; hier geht man auf einer grasbewachsenen Fahrspur geradeaus weiter in nordöstlicher Richtung. Wenige Minuten später wird ein Haus sichtbar, an dem man rechts vorbeigeht. Die Fahrspur führt nach 15 Min. zu einem breiteren Weg. Hier nach rechts.

Rund eine halbe Stunde auf dem Fahrweg bis zu einer Brücke (4.30 Std.), bei einem Querweg gleich dahinter nach rechts. Nach gut 5 Min. biegt man von diesem Weg in einen nach links ansteigenden schmaleren Fahrweg. Nach 5 Min. beschreibt der Weg eine Linkskurve, gleich danach geht man durch ein Gatter. Nach weiteren knapp 10 Min. Anstieg gelangt man zu einer Hausruine. Bei einer Gabelung hinter der Ruine hält man sich geradeaus abwärts. Man erreicht einen breiteren Querweg, geht links aufwärts. Nach 50 m biegt man wieder nach links in einen breiten Waldweg. Nach einem kurzen Anstieg wandert man bei einer Wegverzweigung geradeaus, steigt ab in ein Bachtal. Nach rechts über den Bach, gleich wieder rechts, in wenigen Minuten nach **Látera** (5.25 Std.).

Im Ort bei einem Brunnen nach links aufwärts in eine Treppengasse (hier geradeaus gehend, gelangt man schnell ins Dorfzentrum). Auf der Via Roma nach links aus dem Ort. Man überquert die Hauptstraße, geht geradeaus in die Via Aldo Moro. Bei einer folgenden Kreuzung geradeaus in ein kleineres Sträßchen. An Neubauten vorbei aufwärts, bei einer Gabelung links, dann auf der Hauptstraße nach rechts bis **Cantoniera di Látera** (5.40 Std.).

Wenige Meter nach links, dann nach rechts einbiegen auf die Staatsstraße 74 Richtung Grádoli–Orvieto. Man folgt der Straße absteigend für gut 10 Min., biegt dann, in einer scharfen Linkskurve beim Kilometer-Stein 68,2, nach rechts in einen Fahrweg (50 m vor der Abzweigung der Straße nach Grádoli). Schöne Blicke auf den Bolsena-See und, nach links, auf den Monte Amiata. Man erreicht **Grádoli** (6.25 Std.; s. S. 117).

11. Tag

Warme, heitere Töne ...: Von Grádoli nach Capodimonte

Die Tour verläuft zunächst auf der bei der Tour 32 beschriebenen Strecke. Nach einem aussichtsreichen Weg auf der Höhe steigt man zum Bolsena-See hinab und wandert eine Weile am Ufer entlang, gelangt zwischen Kornfeldern und Schafweiden schließlich zum reizvoll auf einer Halbinsel gelegenen Capodimonte. Auf der gesamten Strecke genießt man herrliche Blicke auf den See und hat mehrfach Gelegenheit zum Baden.

Dauer: 4.30 Std.

Charakter: Mittelschwere Wanderung. Der Weg ist weitgehend schattenlos. Fahrwege, kurze Wegstücke querfeldein, ca. 2,5 km auf asphaltierten, aber fast autofreien Sträßchen. Vor Capodimonte müssen zwei Steinmäuerchen überstiegen werden.

Markierung: Bis zum Seeufer rote Punkte und Pfeile

Einkehrmöglichkeiten: In Grádoli und Capodimonte

Übernachtung: 01010 Capodimonte: Riva Blu*, Via dei Pini 3, ✆ u. Fax 07 61 87 02 55

Von **Grádoli** bis zum Seeufer in der Nähe der Kirche **San Magno** geht man wie auf S. 115 (Tour 32) beschrieben. Auf der Uferstraße angelangt (gut 2 Std.), wendet man sich nach rechts; man läßt die Kirche San Magno etwa 200 m zur Linken liegen. Die Straße ist für etwa 1,5 km asphaltiert (jedoch fast kein Autoverkehr). Unterhalb des Monte Bisenzio biegt der Weg nach rechts vom See weg, steigt an bis zum Kirchlein **Sant'Agapito** (3 Std.).

Hier ist der **Abstecher** zum **Monte Bisenzio** empfehlenswert: Vor der Kirche biegt man nach links in einen ansteigenden Weg und erreicht in 10 Min. den Gipfel mit weiter Aussicht über den See, seine Dörfer und In-

Capodimonte am Bolsena-See

seln. Auf gleichem Weg zurück zu Sant'Agapito.

Man folgt weiter dem Sträßchen; es führt zur Hauptstraße Valentano–Viterbo. 20 m vor der Hauptstraße biegt man nach links auf einen Feldweg in Richtung See. Ein Gatter muß rechts umgangen werden. Dahinter trifft man auf einen Querweg (links steht in etwa 200 m Entfernung ein rotes Haus). Man wendet sich nach rechts, bei einem weiteren Querweg nach links. Der Weg biegt gleich darauf nach rechts, dann neuerlich nach links (in Richtung Seeufer). Hier geht man querfeldein geradeaus weiter, in gleicher Richtung wie bisher. Das Ziel Capodimonte ist in Gehrichtung

sichtbar. Man wandert für etwa 10 Min. über Wiesen (eingesäte Felder am Rand umgehen, alle Gatter unbedingt wieder schließen!); dabei müssen zwei Mäuerchen überklettert werden. Man erreicht schließlich einen Weg und folgt ihm nach rechts.

Nach einem kurzen Stück auf diesem Weg, kurz vor einem roten Haus, biegt man nach links ab und geht querfeldein auf die rechte Seite eines Sportplatzes zu. Rechts am Sportgelände entlang, bei einem Querweg nach links, gleich darauf (fast am Seeufer) wieder rechts (3.50 Std.). Man passiert das Gelände eines Segelklubs und gelangt bei einem Campingplatz zur Straße. Man biegt nach links und geht parallel zur Straße am

Ufer bis **Capodimonte,** mit schönen Ausblicken auf den Ort (4.30 Std.). Der malerische Ort liegt auf einer aus Lava gebildeten Halbinsel. Das Kastell ist das Stammschloß der mächtigen Farnese-Familie, aus der im 16. Jh. der Papst Paul III. hervorging. Es wurde von Antonio Sangallo d. J. entworfen.

Monte Bisenzio

Der Monte Bisenzio ist eine durch vulkanische Aktivität entstandene Erhebung am Südwestufer des Sees. An dieser Stelle befand sich die in etruskischer Zeit – oder möglicherweise früher – gegründete Stadt *Bisentium,* einstmals die wichtigste Ansiedlung am Seeufer. In der Umgebung wurden Funde gemacht, die auf eine entwickelte Bronzeverarbeitung schließen lassen. In einem Grab des 6. Jh. v. Chr. fand man das älteste künstliche Gebiß Italiens. Mehrfach zerstört und wiederaufgebaut, wurde *Bisentium* 1816 von seinen Bewohnern verlassen, weil die Seeufer malariaverseucht waren. – Man findet heute keine Überreste der Stadt mehr, mit Ausnahme einer in den Fels geschlagenen Höhle (100 m vom Berg in Richtung Seeufer absteigen, am umzäunten Brunnen vorbei), die offenbar als Taubenschlag zur Aufzucht von eßbaren Felstauben diente.

Register

Dank
Georg Henke, Bremen, hat die Wanderungen 19, 23, 25, 26–29 erarbeitet und zahlreiche andere Wanderbeschreibungen getestet und verbessert. Volker Piasta, Volterra, erlaubte freundlicherweise, eine Teilstrecke des Weges bei Volterra aus seinem Reiseführer »Volterra kennenlernen« (Ed. Pacini) zu übernehmen. Ich danke auch den zahlreichen Lesern des Bandes »Richtig wandern – Toscana und Latium«, die mit ihren Hinweisen zu dieser Neuausgabe beitrugen.

»DUMONT macht mobil!
DUMONT aktiv heißt die neue Reise-
führerreihe des DUMONT Buchverlags
für Wanderfreunde. Ob Schwarzwald,
Dolomiten, Irland oder die Pyrenäen,
die Reiseführer im handlichen Format
geben nützliche Informationen über
Wandersaison, Ausrüstung sowie
interessante Naturerscheinungen
entlang der vorgeschlagenen Routen.
Farbige Höhenprofile zu jeder Wanderung lassen sofort erkennen, wie an-
spruchsvoll der Weg ist und wieviel
Zeit man dafür einplanen muß.«
                    Augsburger Allgemeine

»Sie passen in jede Rucksackseiten-
oder Anoraktasche. Die kompakte
Form geht jedoch nicht zu Lasten der
Beschreibungen. Jede Route wird mit
allem geschildert, was wichtig ist: der
Wanderzeit, der Weglänge, dem Rou-
ten-Charakter bis hin zu Sehenswürdigkeiten und Einkehrmöglichkeiten
am Wege.«   *Welt am Sonntag*

Zahlreiche Farbfotos machen Appetit
auf das Naturerlebnis und wecken die
Vorfreunde.

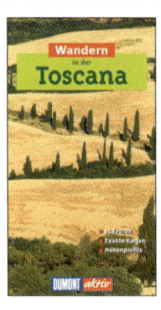

Weitere Informationen über die Titel der Reihe DUMONT aktiv erhalten Sie
bei Ihrem Buchhändler oder beim DUMONT Buchverlag • Postfach 10 10 45 • 50450 Köln
Besuchen Sie uns im Internet: www.dumontverlag.de

DUMONT EXTRA

Der Reiseführer mit topaktuellen Tipps und fünf ungewöhnlichen Extra-Touren. Hinten im Buch befindet sich die Extra-Karte zum Herausnehmen – jederzeit griffbereit.

Jeder Band wird jährlich aktualisiert!

»Große Klasse zum kleinen Preis: schnelle Infos, tolle Fotos, fünf Touren, moderne Grafik und Extrakarte. Ein kompletter Reiseführer für junge Leute und Junggebliebene. Mit Insidertipps, die jede Reise zu einem wahren Vergnügen machen.«   *buch aktuell*

»Es handelt sich hier um kompakte Reiseführer mit verlässlichen, topaktuellen Tipps und wirklich lohnenden, originellen Routenbeschreibungen. Außerordentlich ist die jährliche Neuauflage! Insgesamt bietet ›DUMONT Extra‹ Tipps, Tipps und nochmals Tipps; und diese dann auch garantiert Jahr für Jahr neu.«

Nordbayerischer Kurier

Weitere Informationen über die Titel der Reihe DUMONT-Extra erhalten Sie bei Ihrem Buchhändler oder beim DUMONT Buchverlag • Postfach 10 10 45 • 50450 Köln
Besuchen Sie uns im Internet: www.dumontverlag.de

Abbildungsnachweis

Nicola Born, Corniglia S. 124
Foto-Agentur Rheinland/Achim Gaasterland, Köln Titelbild
Georg Henke, Bremen Abb. S. 1, 6, 8, 9, 10, 12, 13, 14, 18/19, 22, 25, 29, 32,
    38, 44, 47, 50, 55, 62, 68, 72/73, 76/77, 85, 88, 90/91, 92, 101, 103, 106,
    109, 116, 118, 121, 126, 132, 139, 142, 146, 150; Rückseite (2)
Christoph Hennig, München Abb. S. 135
Georg Jung, Hamburg Abb. S. 114
Monika Stratmann, Leichlingen Abb. S. 36

Karten und Höhenprofile: Berndtson & Berndtson Productions GmbH,
Fürstenfeldbruck © DuMont Buchverlag, Köln

Impressum

Titelbild: Im Val d'Orcia

Über den Autor: Christoph Hennig, geb. 1950, ist Soziologe und Publizist. Er
veranstaltet und leitet Wanderreisen in Frankreich und Italien. Zahlreiche
Buchveröffentlichungen, darunter bei DuMont: Richtig Reisen ›Mittelitalien‹,
Kunst-Reiseführer ›Latium‹, die Reise-Taschenbücher ›Florenz‹ und ›Italienische Riviera‹.

2., aktualisierte Auflage 2000
Graphisches Konzept: Groschwitz, Hamburg
© DuMont Buchverlag, Köln
Alle Rechte vorbehalten
Druck: Rasch, Bramsche
Buchbinderische Verarbeitung: Bramscher Buchbinder Betriebe

ISBN 3-7701-4775-8